LENOX, SEGUNDA-FEIRA, 28 DE JULHO, 1851.

ete da manhã. A Espo-
a, E.P.P., Una e Botão
e Rosa partiram, dei-
ando Julian e eu de
osse da Cabana Verme-
ha. O p   men-
ário qu   ca-
alheiro fez, em seguida,
oi: "Papai, não é ótimo
ue o bebê tenha ido

Vinte dias com Julian
& Coelhinho, por papai

Nathaniel Hawthorne

*Vinte dias com Julian
& Coelhinho, por papai*

Tradução
Sônia Coutinho

Título do original em inglês
TWENTY DAYS WITH JULIAN & LITTLE BUNNY BY PAPA

O texto de *Vinte dias com Julian & Coelhinho, por papai* foi
originalmente publicado nas páginas 436-468 de *The American Notebooks*,
Volume VIII da Centenary Edition of the Work of Nathaniel Hawthorne.
© *1972 by The Ohio State University Press.* Todos os direitos reservados.
Nenhuma parte deste livro pode ser reproduzida ou transmitida por nenhuma
forma ou meio, eletrônico ou mecânico, sem permissão da editora.

Introdução © *2002 by Paul Auster.* Publicado por acordo entre Carol
Mann Literary Agency, USA e Guillermo Schavelzon, Argentina.

Reservam-se os direitos desta edição à
EDITORA JOSÉ OLYMPIO LTDA.
Rua Argentina, 171 – 1º andar – São Cristóvão
20921-380 – Rio de Janeiro, RJ – República Federativa do Brasil
Tel.: (21) 2585-2060   Fax: (21) 2585-2086
Printed in Brazil / Impresso no Brasil

Atendemos pelo Reembolso Postal

ISBN 85-03-00907-2

Capa: Isabella Perrotta / Hybris Design

CIP-Brasil. Catalogação-na-fonte
Sindicato Nacional dos Editores de Livros, RJ.

H326v   Hawthorne, Nathaniel, 1804-1864
      Vinte dias com Julian & Coelhinho, por papai / Nathaniel
Hawthorne; tradução Sônia Coutinho. – Rio de Janeiro: José
Olympio, 2006.

      Tradução de: Twenty days with Julian & Little Bunny by papa
ISBN 85-03-00907-2

      1. Hawthorne, Nathaniel, 1804-1864 – Diários. 2.
Hawthorne, Nathaniel, 1804-1864 – Família. 3. Hawthorne,
Nathaniel, 1804-1864 – Infância e juventude. 4. Pais e filhos –
Estados Unidos – História – Século XIX. 5. Escritores
americanos – Biografia. I. Coutinho, Sônia, 1939- . II. Série.

CDD – 818
CDU – 821.111(73)-94

06-1055

SUMÁRIO

Apresentação   7

Vinte dias com Julian & Coelhinho, por papai   49

APRESENTAÇÃO

Vinte dias com Julian & Coelhinho, por papai é uma das obras menos conhecidas de um escritor famoso na história da literatura. Enterrado no sétimo *in-fólio* do *American Notebooks* de Hawthorne — um maciço e pouco lido volume de tesouros e revelações — as 50 páginas que compõem esta breve e concisa narrativa foram escritas em Lenox, Massachusetts, entre 28 de julho e 16 de agosto de 1851. Em junho do ano anterior, Hawthorne e sua mulher tinham ido morar numa pequena casa vermelha de fazenda na região das montanhas Berkshire, com seus dois filhos, Una (nascida em 1844) e Julian (nascido em 1846). Uma terceira filha, Rose, nasceu em maio de 1851. Alguns meses depois, acompanhada de suas duas filhas e de sua irmã mais velha, Elizabeth Peabody, Sophia Hawthorne partiu de Lenox para visitar seus pais em West Newton, nas imediações de Boston. Na casa, ficaram Hawthorne, Julian, com cinco anos, a sra. Peters (a cozinheira e governanta) e um coelho de estimação que, no final, acabou sendo chamado de Patas Traseiras. Aquela noite, depois de colocar Julian na cama, Hawthorne sentou-se e escreveu o primeiro capítulo de sua pequena saga. Sem nenhuma outra intenção a não ser a de registrar os acontecimentos no lar durante a ausência de sua mulher, ele inadvertidamente embarcou em algo que nenhum escritor tinha tentado até então: o relato meticuloso, detalhado, das atividades de um homem tomando conta de uma criança sozinho.

Sob alguns aspectos, a situação lembra o antigo conto folclórico sobre o fazendeiro e sua mulher, que trocaram de tarefas domésticas durante um dia. Há muitas versões da história, mas o resultado é sempre o mesmo. O homem, que depreciara sua mulher por não trabalhar tão duramente quanto ele, e também a repreendera por não fazer bem seu trabalho, acaba metendo os pés pelas mãos quando põe um avental e assume o papel de administrador doméstico. A depender da versão que se leia, ele toca fogo na cozinha ou se enrola numa corda amarrada à vaca da família que, após uma longa série de infortúnios, consegue subir ao telhado da casa. Em todas as versões, é a mulher quem vai em seu socorro. Trabalhando calmamente com a colheita, num campo próximo, ela ouve os gritos do seu marido e corre de volta para casa, a fim de livrá-lo da sua provação antes que a casa seja inteiramente consumida pelas chamas ou que ele quebre o pescoço.

Hawthorne não quebrou o pescoço, mas claramente sentiu que não estava em terreno firme, e o tom de *Vinte dias* é, ao mesmo tempo, cômico, autodepreciativo e vagamente perplexo, impregnado daquilo que o Julian adulto mais tarde descreveria como a "seriedade humorística" do seu pai. Os leitores familiarizados com o estilo dos contos e romances de Hawthorne ficarão surpresos com a clareza e simplicidade de expressão dos *Cadernos*. As sombrias e taciturnas obsessões da sua ficção produziram uma complexa e freqüentemente ornamentada densidade em suas frases, um refinamento que algumas vezes chegou ao intricado ou obscuro, levando alguns leitores dos seus primeiros contos (na maioria publicados sem assinatura) a acreditar equivocadamente que seu autor era uma mulher. Henry James, que escreveu um dos primeiros estudos com a extensão de um livro sobre a obra de Hawthorne, aprendeu muito com esta prosa original e delicada, singular em sua capacidade para unir as complexidades da aguda observação psicológica com amplas preocupações morais e filosóficas. Mas James não foi o único leitor de Hawthorne e houve também vários outros Hawthornes que nos chegaram: Hawthorne, o alegorista; Hawthorne, o elevado fabulista romântico; Hawthorne, o cronista da Nova Inglaterra colonial do século XVII; e mais notavelmente Hawthorne, como foi repensado por Borges — o precursor de Kafka. A ficção de Hawthorne pode ser lida proveitosamente de qualquer um desses ângulos, mas há ainda outro Hawthorne que foi mais ou menos esquecido ou negligenciado por causa da magnitude das suas outras realizações: o Hawthorne privado, o escrevinhador de anedotas e pensamentos impulsivos, o operário das idéias, o meteorologista e paisagista, o viajante, o missivista, o cronista. As páginas de *The American Notebooks* são tão frescas, tão vívidas em suas articulações, que Hawthorne emerge delas não como uma figura venerável do passado literário, mas como um contemporâneo, um homem cujo tempo ainda é o presente.

Vinte dias não foi a única ocasião em que ele escreveu sobre seus filhos. Quando Una e Julian chegaram a uma idade suficiente para falar, ele parecia sentir imenso prazer em anotar algumas das suas declarações mais cômicas, e os cadernos estão pontilhados de anotações como estas:

> "Estou cansada de todas as *cosas* e quero deslizar para dentro de Deus. Estou cansada da pequena Una *Hawsorne*." "Você está cansada da mamãe?" "Não." "Mas está cansada do papai?" "Não." "Estou cansada da Dora e cansada do Julianzinho, e cansada da Unazinha *Hawsorne*."

> Una — Você está me machucando um pouquinho.
> Julian — Ora, vou machucar você um bocado.

Julian — Mamãe, por que o jantar não é ceia?

Mamãe — Por que uma cadeira não é uma mesa?

Julian — Porque é um bule.

Eu disse a Julian, "Deixe-me tirar seu babadouro" — e ele não prestou nenhuma atenção, então repeti isso duas ou três vezes, cada vez mais alto. Finalmente, ele berrou — "Deixe-me tirar sua cabeça!"

No domingo, 19 de março de 1848, durante o período em que era empregado da alfândega, em Salem, Hawthorne passou o dia inteiro registrando as atividades e travessuras dos seus dois filhos — uma filha com quatro anos completos e outro filho com menos de dois. É um comentário entontecedor, de cerca de nove páginas, com um consciencioso registro de todos os caprichos e mudanças repentinas de estado de espírito que ocorreram com as crianças no curso de 11 horas. Sem os floreios sentimentais que se poderia esperar de um pai do século XIX, livre de julgamentos moralizadores ou de comentários importunos, ele permanece como um retrato notável da realidade da infância — que, pela força desses trechos, parece eterna, em sua igualdade:

Neste momento, Una oferece seu dedo a Julian, e eles marcham juntos, o menino imitando uma maneira adulta de caminhar. Pouco depois, Una propõe que brinquem de jogar quatro cantinhos; e há um rápido tamborilar de pequenos pés pelo chão inteiro. Julian solta um grito queixoso com relação a uma coisa qualquer. Una corre e beija-o. Una diz: "Papai, *esta* manhã não vou ser uma má menina, de jeito nenhum." Agora, eles estão brincando com bolas de borracha. Julian tenta jogar a bola para o ar mas, em geral, só consegue deixá-la cair por cima da sua cabeça. Ela rola para longe, e ele a procura, perguntando, "onde bola?..." Agora, Julian cai num devaneio, por algum tempo, sua mente parece muito distante, perdida em reminiscências; mas do que podem ser? Lembranças de uma preexistência. Neste momento, ele está sentado em sua cadeirinha, sua figurinha atarracada parecendo a de um governante em miniatura... Mamãe está vestindo a pequena Una com sua peliça roxa, para ela sair com Dora. Una promete ser uma menininha muito bem comportada e obedecer a Dora, não sair correndo, não pisar na lama. O menino se arrasta de um lado para outro, repetindo: "Vá! Vá!", numa insinuação do seu desejo de que também o levem a passear. Ele corre pela sala, para frente e para trás, com um encantador jeitinho arrogante, de cujo ridículo ele parece perfeitamente consciente; e, quando rio, ele se aproxima do meu cotovelo e ergue os olhos para o meu rosto, com uma reação altamente jocosa... Sobe numa cadeira próxima aos meus joelhos e espia a si mesmo no espelho. Depois, cheio de curiosidade, fica observando a página, enquanto escrevo, em seguida quase tropeça e cai e, de início, assusta-se, mas, vendo que fiquei igualmente assustado, finge tropeçar de novo e depois ri em minha cara. Entra mamãe com o leite. Ele se senta no joelho da sua mãe, engolindo o leite com resmungos e suspiros de satisfação. Não pára, até a xícara estar vazia, uma vez, e outra, e outra, e, mesmo depois, pede mais. Já despido (toma um banho de ar), goza a felicidade da completa nudez, correndo para longe da mamãe com gritos de protesto, quando ela procura vesti-lo com sua roupa de dormir. Agora, segue-se uma terrível catástrofe — que não deve ser mencionada em nossa decorosa história... Entra Una: "Onde está o Julian-zinho?" "Saiu para caminhar." "Não, quero dizer onde é o lugar do Julianzinho, onde você escreveu sobre ele." Aponto então a página, para a qual ela olha com a maior satisfação; e fica espiando a pena, que continua a correr. "Vou botar a tinta mais perto de você," diz. "Papai, você vai escrever tudo isso?" pergunta, remexendo no livro... Digo-lhe que agora estou escrevendo sobre ela. "É uma ótima escrita," diz ela... Una agora propõe ao irmão construírem juntos um forte de madeira; então começam o trabalho, articulados; mas, mal ela se eleva acima dos seus alicerces, Julian a derruba. Com incansável paciência, Una começa outra. "Papai! *asa!*," grita Julian, apontando para dois blocos os quais colocou juntos... Eles abandonam os blocos; e Julian dispõe-se novamente a subir na cadeira que dá para a estante; outra vez, proíbo-o de fazer isso; conseqüentemente, ele chora. Una corre para beijá-lo e consolá-lo e, depois, aproxima-se de mim fazendo uma solene reclamação, bastante longa; sendo a ênfase: "Papai, você não devia falar tão alto com um menininho tão pequeno de apenas meio ano de idade."... Ela vem e ocupa silenciosamente seu lugar em meu colo, repousando a cabeça em meu ombro. Julian marinhou para cima de uma cadeira junto à janela e parece observar e meditar; de maneira que temos um intervalo muito tranqüilo, até que ele o perturba, aproximando-se e arrancando o sapato da irmã. Ele raramente perde a oportunidade de fazer qualquer travessura ao alcance de sua mão — por exemplo, descobrindo o joelho nu de Una, acabou de aproveitar a ocasião para beliscá-lo com toda força...

Hawthorne repetiu o exercício quatro dias depois, numa quinta-feira, 23 de março, e mais seis vezes em 1849, cobrindo um total de mais 30 páginas na edição centenária dos *Notebooks*. Somando-se às descrições das brincadeiras, brigas e tempestades interiores dos seus filhos, algumas vezes ele se detinha para fazer vários outros comentários de natureza mais geral sobre a personalidade deles. Dois pequenos trechos sobre Una são de particular interesse, já que ela, em geral, é tida como o modelo no qual ele baseou a personagem Pearl, em *A letra escarlate*. De 28 de janeiro de 1849:

Sua beleza é a coisa mais fugaz e transitória, a mais incerta e inexplicável que chegou algum dia a existir; brilha quando ninguém espera; extingue-se misteriosamente, quando era considerada uma coisa segura; quando lançamos sobre ela uma olhada de esguelha talvez pensemos que ilumina seu rosto mas, ao virarmos de frente para apreciá-la, já se foi novamente... Quando, de fato, está visível, é tão rara e preciosa quanto a visão de um anjo; é uma transfiguração — uma graça, delicadeza, finura etérea que imediatamente, no recôndito da minha alma, faz-me abandonar todas as opiniões severas que possa ter começado a formar a respeito dela. É simplesmente justo concluir que, nessas ocasiões, vemos sua verdadeira alma; quando tem um aspecto menos lindo é porque vemos meramente algo externo. Mas, na verdade, uma manifestação lhe pertence tanto quanto a outra; pois, mais do que o estabelecimento de princípios, o que é o caráter senão a série e sucessão de estados de espírito?"

De 30 de julho do mesmo ano:

(...) Há algo que quase me assusta na criança, não sei se maliciosa ou angelical, mas, seja como for, é sobrenatural. Ela caminha tão ousadamente para o meio de tudo, não recua diante de nada, possui tamanha compreensão de todas as coisas, parece algumas vezes dotada de uma pequena delicadeza apenas, mas logo demonstra possuir sua mais sutil essência; algumas

15

vezes é tão áspera, outras vezes tão terna; num momento, tão perfeitamente irracional e logo, novamente, tão sensata. Em suma, vez por outra capto um aspecto seu dentro do qual não posso acreditar que ela seja minha própria filha, em carne e osso, mas sim um espírito com uma estranha mistura de bem e mal, assombrando a casa onde resido. O menino é sempre a mesma criança e nunca varia com relação a mim.

No verão de 1851, Hawthorne já era um observador maduro dos seus próprios filhos, um veterano da vida em família. Tinha 47 anos e estava casado havia quase uma década. Não poderia saber, naquela ocasião, mas quase toda palavra importante de ficção que publicaria em sua vida já fora escrita. Em sua bagagem estavam as duas edições de *Twice-Told Tales* (1837 e 1842), *Mosses from an Old Manse* (1846) e *The Snow-Image, and Other Twice-Told Tales* (já concluído e com publicação planejada para o fim de 1851) — toda a sua produção como autor de contos. Seus primeiros dois romances haviam sido publicados em 1850 e 1851. *A letra escarlate* transformara "o mais obscuro homem de letras da América" num dos mais respeitados e celebrados escritores do seu tempo e *A casa das sete torres* só fez fortalecer sua reputação, levando muitos críticos a classificá-lo como o maior escritor que a República já produzira. Anos de trabalho solitário lhe haviam finalmente conquistado o reconhecimento público e, após duas décadas lutando para equilibrar o orçamento, 1851 marcou o primeiro ano em que Hawthorne ganhou o suficiente, com sua escrita, para conseguir sustentar sua família. Tampouco havia qualquer motivo para pensar que seu sucesso não continuaria. Durante toda a primavera e início do verão ele escrevera *O livro das maravilhas para meninos e meninas*, terminando o prefácio em 15 de julho, apenas duas semanas antes da partida de Sophia para West Newton, e já planejava seu próximo romance, *The Blithedale Romance*. Olhando agora, retrospectivamente, para a carreira de Hawthorne, e sabendo que ele morreria apenas 15 anos depois (poucas semanas antes do seu sexagésimo aniversário), aquela temporada em Lenox se destaca como um dos períodos mais felizes da sua vida, um momento de sublime equilíbrio e satisfação. Mas agosto já chegava e havia muitos anos Hawthorne tinha o hábito de suspender seu trabalho literário durante os meses de calor. Era, segundo pensava, um tempo para permanecer ocioso e meditar, um tempo para viver ao ar livre, e sempre escrevera o mínimo possível durante todos os dias de canícula dos verões da Nova Inglaterra. Quando compôs sua pequena crônica das três semanas que passou com o filho, ele não roubava tempo de outros projetos mais importantes. Foi o único trabalho que fez, o único que quis fazer.

*

A mudança para Lenox fora precipitada pelas desastrosas experiências de Hawthorne em Salem, em 1849. Como ele disse numa carta para seu amigo Horatio Bridge, acabou detestando a cidade, "a tal ponto que odeio ir para as ruas ou que as pessoas me visitem. Em qualquer outro lugar serei de imediato um homem inteiramente diferente." Indicado, em 1846, para o posto de supervisor da alfândega de Salem, durante o governo democrata de James Polk, Hawthorne quase nada realizou como escritor, durante os três anos em que ocupou esse cargo. Em 1848 foi eleito o candidato Whig Zachary Taylor e, quando o novo governo tomou posse, em março de 1849, puseram Hawthorne no olho da rua — mas não sem que ele provocasse um grande barulho em sua defesa, o que levou a uma controvérsia altamente divulgada sobre a prática do clientelismo nos Estados Unidos. No exato momento em que essa luta era travada, a mãe de Hawthorne morreu, após uma curta doença. As anotações no diário desses dias do final de julho estão entre os parágrafos mais retorcidos, mais carregados emocionalmente, dentre tudo o que Hawthorne escreveu:

> Louisa apontou uma cadeira perto da cama, mas tive um impulso de me ajoelhar perto da minha mãe e de segurar sua mão. Ela me conheceu, mas só pôde murmurar umas poucas palavras indistintas — entre as

quais entendi uma ordem no sentido de que eu tomasse conta das minhas irmãs. A sra. Dike saiu do quarto e então descobri que meus olhos enchiam-se lentamente de lágrimas. Tentei contê-las; mas não consegui — elas não pararam de aumentar até que, por alguns momentos, soluços sacudiram meu corpo. Por um longo tempo fiquei ali ajoelhado, segurando sua mão, e aquela foi, sem dúvida, a hora mais sombria que já vivi.

Dez dias após a morte da sua mãe, Hawthorne perdeu a luta para salvar seu emprego. E, dias depois de sua demissão (talvez no mesmo dia, a se acreditar na lenda da família), ele começou a escrever *A letra escarlate*, concluído em seis meses. Sob grande tensão financeira durante esse período, sua sorte deu uma súbita e inesperada reviravolta para melhor, exatamente quando a firma Ticknor and Fields planejava publicar o romance. Através de uma subscrição privada, anônima, amigos e fãs de Hawthorne (entre eles, muito provavelmente, Longfellow e Lowell), "que admiram seu gênio e respeitam seu caráter... [e para lhe pagar] a dívida que temos para consigo, pelo que fez em favor da literatura americana", levantaram a soma de 500 dólares, para ajudar Hawthorne a atravessar suas dificuldades. Essa sorte inesperada permitiu a Hawthorne realizar seu desejo cada vez mais urgente de partir de Salem, sua cidade natal, e se tornar "um cidadão de alguma outra parte."

Depois que algumas possibilidades foram rejeitadas (uma fazenda em Manchester, New Hampshire, uma casa em Kittery, Maine), ele e Sophia decidiram-se afinal pela casa vermelha de fazenda, em Lenox. Ela era, como disse Hawthorne a um dos ex-colegas de trabalho na alfândega, "tão vermelha quanto a 'letra escarlate'." Sophia foi a responsável pelo achado da casa, situada numa propriedade maior, conhecida como Highwood, naquele momento alugada pela família Tappan. A sra. Tappan, nascida Caroline Sturgis, era amiga de Sophia e foi ela quem ofereceu a casa aos Hawthorne — sem cobrar nada. Hawthorne, temeroso das complicações que poderiam surgir por viver da generosidade alheia, chegou a um acordo com o sr. Tappan a fim de pagar um aluguel nominal de 75 dólares, por quatro anos.

Seria de se acreditar que ele ficasse satisfeito com o acerto, mas isto não o impediu de se queixar de uma porção de pequenos aborrecimentos. Mal a família se instalou na casa, Hawthorne teve um forte resfriado, que o prendeu à cama durante vários dias e não demorou para ele se queixar, numa carta a sua irmã Louisa, de que a casa de fazenda era "a mais inconveniente e deplorável choupanazinha onde já pus os pés em toda minha vida". (Até a otimista Sophia, que tendia a ver todas as adversidades sob a luz mais favorável possível, admitiu em carta para sua mãe que ela era "a menor das casas de tamanho mínimo" — nada adequada para uma família de quatro pessoas, quanto mais de cinco.) Se a casa desagradou Hawthorne, ele tinha coisas ainda mais duras para dizer sobre a paisagem que a cercava. Dezesseis meses após mudar-se para lá, escreveu para seu editor, James T. Fields, dizendo:

> Estou aqui há tempo demais e com constância demais. Para lhe revelar um segredo, sinto-me mortalmente enjoado de Berkshire e detesto pensar em passar outro inverno aqui... O ar e o clima não são bons, de forma alguma, para minha saúde; e, pela primeira vez desde que eu era menino, durante todo meu período de residência aqui sinto-me indolente e deprimido. Ah, se a Providência construísse para mim a mais simples das choupanas e marcasse para mim uns poucos acres de terreno destinado a um jardim, tudo próximo do mar.

Dois anos depois, tendo transcorrido muito tempo desde que se mudara dali e se instalara em Concord, ele ainda batia na mesma tecla, como demonstra este trecho da apresentação de *Tanglewood Tales* (um segundo volume de mitos gregos para crianças):

> Mas, para mim, há um encanto peculiar, tranqüilo, nesses extensos prados e suaves elevações. São melhores do que as montanhas, porque não se imprimem no cérebro nem se transformam em estereótipos, tornan-

do-se cansativas pela mesma forte impressão, repetida dias consecutivos. Algumas semanas de verão entre as montanhas, uma vida inteira entre prados verdes e encostas plácidas, com contornos eternamente novos, porque continuamente se desfazem na memória. Esta seria a minha escolha sensata.

É irônico que a área em torno de Lenox ainda fosse chamada de "Tanglewood" ("bosque emaranhado"). A palavra foi invenção de Hawthorne e agora está indelevelmente associada ao festival de música que se realiza ali todos os anos. Mesmo detestando a área e tendo fugido de lá após apenas 18 meses, ele deixou nela, para sempre, a sua marca.

Mesmo assim, foi o melhor momento da sua vida, soubesse ele ou não. Podendo pagar o que devia, bem casado com uma mulher inteligente e de uma reconhecida dedicação, em meio à mais prolífica irrupção de escrita da sua carreira, Hawthorne plantava sua horta, alimentava suas galinhas e à tarde brincava com seus filhos. Era o mais tímido e fechado dos homens, conhecido por seu hábito de se esconder atrás de rochedos e árvores para evitar falar com as pessoas que conhecia; Hawthorne manteve-se em grande medida recluso durante seu curto período na região das montanhas Berkshire, evitava as atividades sociais das boas famílias locais e só aparecia na cidade para pegar sua correspondência no correio e logo voltava para casa. A solidão era seu elemento natural e, considerando as circunstâncias da sua vida até o início da casa dos 30 anos, é surpreendente até ele ter-se casado. Para alguém cujo pai, um capitão de navio, morreu no Suriname quando essa pessoa tinha quatro anos; para quem cresceu ao lado de uma mãe distante e fugidia, que viveu num estado de permanente e isolada viuvez; para quem cumpriu provavelmente o mais severo aprendizado literário de que se tem registro — trancado em seu quarto durante 12 anos, numa casa que chamava de "Castelo Sinistro," e partindo de Salem apenas no verão, para perambular solitariamente através do campo da Nova Inglaterra; para uma pessoa assim, talvez a companhia dos parentes mais próximos fosse o suficiente. Hawthorne casou-se tarde, com uma mulher que também se casou tarde e, nos 22 anos em que viveram juntos, raramente se separaram. Ele a chamava de Febe (Lua), Pomba, Amada, Caríssima, A Mais Minha. Ele lhe escreveu durante o namoro dos dois, em 1840:

> Algumas vezes (porque eu não tinha nenhuma esposa, naquele tempo, para manter meu coração aquecido), parecia que eu já estava no túmulo, com uma vida cheia apenas de indiferença e apatia... até que, depois de algum tempo, uma certa Pomba me foi revelada, na sombra de um isolamento tão profundo quanto era o meu. E me aproximei cada vez mais da Pomba, e abri meu peito para ela... mantendo meu coração aquecido e

renovando minha vida com a dela... Tu simplesmente me ensinaste que tenho um coração — tu simplesmente lançaste uma luz até o mais recôndito e o mais elevado da minha alma. Tu simplesmente me revelaste a mim mesmo; pois, sem tua ajuda, meu melhor autoconhecimento seria simplesmente o de conhecer a minha própria sombra — e observá-lo adejando na parede, e confundir suas fantasias com minhas ações verdadeiras... Agora, queridíssima, será que compreendes o que fizeste por mim?

O casal vivia isolado mas, mesmo assim, apareciam visitas (parentes, velhos amigos), e eles estavam em contato com vários dos seus vizinhos. Um deles, que vivia 12 quilômetros mais adiante na estrada, em Pittsfield, era Herman Melville, então com 32 anos. Muito foi escrito sobre o relacionamento entre os dois escritores (parte pertinente, alguma coisa tolice), mas fica claro que Hawthorne abriu-se para o Melville mais jovem com um entusiasmo pouco habitual, e que apreciava muito sua companhia. Como ele escreveu para seu amigo Bridge, em 7 de agosto de 1850: "Conheci Melville, outro dia, e gostei tanto dele que o convidei para passar alguns dias comigo, antes de ir embora dessas partes." Na ocasião, Melville estivera apenas visitando a área, mas em outubro voltou e adquiriu a propriedade em Pittsfield que ele rebatizou como Arrowhead, instalando-se na região das montanhas Berkshire como residente em tempo integral. Durante os 13 meses seguintes, os dois homens conversaram, corresponderam-se e leram seu trabalho um para o outro, ocasionalmente viajando os 12 quilômetros que os separavam para se hospedar um na casa do outro. "Nada me agrada mais," escreveu Sophia à sua irmã, Elizabeth, referindo-se à amizade entre seu marido e Melville (a quem ela chamava, como brincadeira, de sr. Omoo),

> do que me sentar & ouvir este cavalheiro em desenvolvimento atirar suas tumultuadas ondas de pensamento contra os grandes, afáveis e compreensivos silêncios do sr. Hawthorne... Sem fazer nada, *ser*, é espantoso como as pessoas o transformam em seu mais íntimo padre confessor.

Para Melville, conhecer Hawthorne e seus escritos assinalou uma virada fundamental em sua vida. Na ocasião do primeiro encontro dos dois, ele já estava iniciando sua história sobre a baleia branca (que deveria ser um romance convencional de aventuras em alto mar); mas, sob a influência de Hawthorne, o livro começou a mudar, a se aprofundar e ampliar transformando-se, num inquebrantável frenesi de inspiração que o transformou no mais suculento de todos os romances americanos, *Moby Dick*. Como sabem todos os que leram o livro, está escrito na primeira página: "Como prova da minha admiração pelo seu gênio, este livro é dedicado a Nathaniel Hawthorne." Mesmo que

Hawthorne nada mais fizesse durante sua permanência em Lenox, sem querer, ele serviu de musa para Melville.

O aluguel valia por quatro anos; mas, pouco depois de terminar *Twenty Days* e da volta de Sophia de West Newton com Una e o bebê Rose, Hawthorne deu um jeito de se meter numa briga com seus senhorios por causa de uma questão banal de fronteiras. O assunto girava em torno da dúvida quanto ao direito que ele e sua família teriam ou não de colher as frutas e as amoras das árvores e arbustos da propriedade. Numa carta com data de 5 de setembro de 1851 para a sra. Tappan, longa e tão mordaz que chega a ser hilariante, Hawthorne expôs seu ponto de vista, concluindo com um desafio bastante impertinente: "De qualquer forma, pegue o que quiser, e faça isso rapidamente porque, do contrário, restará pouco mais do que um pacote de ameixas podres como motivo de discussão." Uma carta cortês, conciliatória, da parte do sr. Tappan, no dia seguinte — que Sophia descreveu para sua irmã como "nobre e bela" —, pareceu resolver a questão definitivamente, mas então Hawthorne já decidira mudar-se, e a família logo empacotou seus pertences e partiram da casa em 21 de novembro.

Apenas uma semana antes, em 14 de novembro, Melville recebera seus primeiros exemplares do *Moby Dick*. Naquele mesmo dia, ele dirigiu sua carroça até a casa rural vermelha e convidou Hawthorne para um jantar de despedida no Hotel Curtis, em Lenox, onde ele presenteou seu amigo com um exemplar do livro. Até então, Hawthorne não sabia nada sobre a efusiva dedicatória para ele e, embora não haja nenhum registro da sua reação a essa homenagem inesperada ao "seu gênio," não podemos deixar de supor que ele ficou profundamente comovido. De qualquer forma, comovido o suficiente para começar a ler o livro imediatamente após voltar para casa, cercado pelo caos das caixas e engradados, enquanto sua família se preparava para a partida. Deve ter lido o livro de forma rápida e entusiástica, pois sua carta de resposta alcançou Melville no dia 16. Todas as cartas de Hawthorne para Melville se perderam, com exceção de uma, mas numerosas cartas de Melville para Hawthorne sobreviveram, e sua resposta a esta é considerada uma das cartas mais memoráveis de toda a literatura americana, sendo também uma das mais citadas:

Tenho, neste momento, uma sensação de indizível segurança, pelo fato de você ter entendido o livro. Escrevi um livro mau, e me sinto inocente como um cordeiro. Sinto em mim um inefável gregarismo. Seria capaz de sentar-me e jantar com você e com todos os deuses do Panteão da antiga Roma... De onde vem você, Hawthorne? Com que direito bebe da jarra da minha vida? E, quando nela deposito os meus lábios — veja, são os seus, e não os meus. Sinto que o Ente Supremo está partido em pedaços, como o pão na Ceia, e que somos os pedaços. Daí esta infinita fraternidade de sentimento (...) Sinto que deixarei o mundo com mais satisfação pelo fato de tê-lo conhecido. Conhecê-lo me convence, mais do que a Bíblia, da nossa imortalidade(...)

Melville aparece algumas vezes em *Vinte dias com Julian & Coelhinho*, mas o ponto essencial do trabalho é o menino em si, as atividades diárias de pai e filho, os efêmeros nadas da vida doméstica. Nenhum drama é registrado, a rotina é bastante monótona e, em termos de conteúdo, dificilmente se poderia imaginar um empreendimento mais enfadonho ou banal. Hawthorne escreveu o diário para Sophia. Foi escrito num caderno em separado, da família, que ambos usavam para registrar material sobre as crianças (e ao qual as crianças também tinham acesso, algumas vezes acrescentando desenhos e rabiscos infantis da sua autoria — e, em alguns casos, até fazendo traços com seus lápis diretamente por cima dos textos escritos por seus pais). Hawthorne pretendia que sua mulher lesse o pequeno trabalho após sua volta de West Newton, e parece que ela o fez na primeira oportunidade. Descrevendo sua viagem de volta para Lenox numa carta para sua mãe, três dias depois (19 de agosto de 1851), Sophia escreveu:

(...) Una estava muito cansada e seus olhos pareciam tão cavernosos quanto os de Daniel Webster, até que ela viu a casa vermelha e então começou a gritar e bater palmas de alegria. O sr. Hawthorne adiantou-se com mil boas-vindas em seus olhos, e Julian dava repetidos saltos, não era possível segurá-lo firmemente (...) Descobri que o sr. Hawthorne escrevera um minucioso relato da sua vida com Julian, desde a hora da nossa partida. Um dia, ele ofereceu um chá a cavalheiros de Nova York e eles o levaram, e a Julian, para um longo passeio; e todos fizeram um piquenique juntos e só voltaram para casa depois das oito horas da noite. O sr. Melville veio com esses cavalheiros, e também tinha vindo uma vez anterior, durante minha ausência. O sr. Hawthorne recebeu também a visita de uma dama *quaker* de Filadélfia, Elizabeth Lloyd, que veio conhecer o autor de *A letra escarlate*. Ele disse que foi uma visita muito agradável. O sr. [G.P.R.] James também apareceu duas vezes, uma delas com grande parte da sua família e outra durante uma tempestade. A conversa de Julian fluiu como um regato rumorejante, escreve ele, no curso de três semanas inteiras, durante todas as suas meditações e leituras. Eles passaram grande parte do tempo nos lagos e o navio de Nat foi posto ao mar (...) Algumas vezes, Julian, meditativamente, tinha saudades da mãe, mas nem uma só vez deu mostras nem de mau gênio nem de aborrecimento. Há uma história sedutora do pobre coelhinho, que morreu na manhã do dia em que voltamos. Não se constatou nenhum motivo para sua morte, a não ser que tenha lambido água do chão do banheiro. Mas ele foi encontrado

> esticado e rígido. A sra. Peters estava muito sorridente
> e severamente satisfeita de me ver (...)

Após a morte de Hawthorne, em 1864, Sophia foi persuadida por James T. Fields, editor de Hawthorne e também o editor da *Atlantic Monthly*, a escolher trechos dos cadernos do seu marido para serem publicados na revista. Os trechos apareceram em 12 exemplares sucessivos, em 1866, mas, no tocante a *Vinte dias com Julian & Coelhinho*, que Fields esperava incluir, ela hesitou, declarando que Julian teria de ser consultado primeiro. Seu filho aparentemente não fez nenhuma objeção mas, mesmo assim, Sophia mostrou-se relutante em dar seu consentimento e, após um pouco mais de reflexão, decidiu contra a publicação do material, explicando a Fields que Hawthorne "jamais desejaria tornar pública uma história doméstica tão íntima, e estou espantada com o fato de eu mesma ter chegado a pensar nisso." Em 1884, quando Julian publicou seu próprio livro, *Nathaniel Hawthorne and his Wife*, incluiu vários trechos de *Vinte dias*, comentando que as três semanas que passou sozinho com seu pai "devem ter sido, algumas vezes, um trabalho cansativo para Hawthorne, embora, para o menino, fossem uma sucessão ininterrupta de dias tranqüilos." Ele diz que uma versão inteira do diário seria "uma historiazinha a mais singular e curiosa que já se viu", mas só em 1932, quando Randall Stewart organizou a primeira edição universitária do *The American Notebooks*, *Vinte dias com Julian & Coelhinho* tornou-se acessível ao público. Não como livro separado (como Julian sugerira) mas como parte de um extenso volume de oitocentas páginas, que cobre os anos de 1835 a 1853.

Por que publicá-lo agora como obra independente? Por que esta pequena e rotineira peça de prosa mereceria nosso interesse, mais de 150 anos após ter sido escrita? Desejaria poder fazer uma convincente defesa dela, apresentar algum argumento fascinante e sofisticado que provasse sua grandeza; mas, se a peça é grande, ela o é apenas em miniatura, grande apenas porque a escrita, em si e por si própria, dá prazer. *Vinte dias* é uma obra humorística escrita por um homem notoriamente melancólico, e qualquer pessoa que já tenha passado um período extenso na companhia de uma criança com certeza será sensível à exatidão e honestidade do relato de Hawthorne.

Una e Julian foram criados de uma maneira nada ortodoxa, mesmo pelos padrões da Nova Inglaterra transcendentalista de meados do século XIX. Embora chegassem à idade escolar durante seu período em Lenox, nenhum dos dois foi mandado para a escola, e passavam seus dias em casa com sua mãe, que se encarregou da educação deles e raramente lhes permitiu misturarem-se com outras crianças. A atmosfera mágica, edênica, que Hawthorne e Sophia tentaram estabelecer em Concord após seu casamento, aparentemente continuou quando se tornaram pais. Escrevendo para sua mãe de Lenox, Sophia esboçou eloqüentemente sua filosofia referente à criação de filhos:

> (...) Ai daqueles que aconselham rigor e severidade, em vez de amor, para com seus filhos pequenos! Quão pouco se parecem com Deus, e quanto com Salomão, a quem realmente acredito que muitas pessoas preferem imitar, e acho que o fazem bem. Infinita paciência, infinita ternura, infinita magnanimidade — nada menos do que isso funcionará, e devemos praticá-las tanto quanto o permitir nosso poder finito. Acima de tudo, nenhum genitor deve sentir um *orgulho do poder*. Este, não tenho dúvida, é o grande empecilho e não se deve jamais permitir que surja. Dele vem a repreensão cortante, a bofetada cruel, a raiva. Um terno pesar, uma lamentação extremamente simpática, é só o que deve aparecer diante da transgressão de uma criança... Mas como freqüentemente é implacável o julgamento e o tratamento desses pequenos delitos! Quando meus filhos desobedecem, não fico pessoalmente ofendida, e eles vêem isso, e portanto acham que é um desejo desinteressado de que ajam corretamente o que me impele a insistir. Há toda a diferença do mundo entre indulgência e ternura.

Hawthorne, que concordava com sua mulher com relação a todas as questões familiares e domésticas, assumiu um papel muito menos ativo na criação dos filhos. "Se papai pelo menos não escrevesse, como seria bom," Julian contou que Una declarou um dia e, segundo ele:

> O sentimento deles com relação a todos os escritos do seu pai era que ele perdia tempo em seu gabinete, quando podia estar com eles, e que não podia existir nada, em qualquer livro, fosse dele ou de outros autores, capaz de comparar-se nem por um instante com sua companhia concreta.

Quando encerrava seu trabalho pelo resto do dia, parece que Hawthorne preferia o papel de companheiro de brincadeiras dos seus filhos do que o da clássica figura paterna. "Nosso pai subia muito bem em árvores," lembrou Julian.

> E gostava também de brincar de mágico. "Cubram os olhos!," dizia e, no momento seguinte, em vez de estar ali ao nosso lado, em cima do musgo, ouvíamos sua voz descendo do céu e, vejam só!, ele se balançava entre os ramos mais altos, fazendo chover sobre nós, embaixo, uma tempestade de granizo de nozes.

Em suas numerosas cartas e anotações de diário daquele período, Sophia freqüentemente registrou visões de Hawthorne sozinho com os dois filhos. Como informou à sua mãe:

> O sr. Hawthorne ficou deitado ao sol, levemente salpicado com as sombras de uma árvore, e Una e Julian fizeram com que se parecesse com o poderoso Pã, cobrindo seu queixo e peito com longas folhas de grama, o correspondente a uma barba verdejante, venerável.

E, outra vez para sua mãe, vários dias depois:

> A querida Unazinha, de alma tão doce — cujo amor pelo pai se torna mais profundo a cada dia (...) ficou muito infeliz porque ele não saiu ao mesmo tempo que ela para o lago. A ausência dele escureceu para ela todo o brilho do sol e, quando lhe perguntei porque não podia apreciar a caminhada como fazia Julian, ela respondeu: "Ah, ele não ama papai como *eu* amo!" (...) Depois que pus Julian na cama, saí para o celeiro, a fim de cuidar das galinhas, e ela desejou ir também. Lá estava sentado o papai, em cima do feno e, como uma agulha para um ímã, ela foi atraída e implorou para ver papai um pouco mais, e para ficar com ele. Agora ela veio, bastante cansada; e, depois de banhar seu espírito neste rosa e dourado do crepúsculo, foi para a cama. Com um pai assim, e um cenário desses diante dos seus olhos e *com olhos para ver*, o que não poderemos esperar dela? Ouvi-a, e a Julian, conversando

um dia desses um com o outro sobre o sorriso do pai deles — tinham falado sobre o sorriso de alguma outra pessoa — acho que o do sr. Tappan; e, pouco depois, Una disse: "Mas, você sabe, Julian, que não existe nenhum outro sorriso como o do papai!" "Ah, não," respondeu Julian. "Como o do *papai*, não!"

Muitos anos depois da morte prematura de Una, com a idade de 33 anos, Thomas Wentworth Higginson publicou uma peça em memória dela em *The Outlook*, revista popular do período. Nela, citou palavras que ela lhe teria dito, certa vez, sobre seu pai: "Ele era capaz de ser a pessoa mais alegre que já vi. Parecia um menino. Nunca existiu, no mundo inteiro, um companheiro de brincadeiras como ele.

Tudo isso está por trás do espírito de *Vinte dias com Julian & Coelhinho*. Os Hawthorne eram uma família conscientemente progressista e, na maior parte, o tratamento que deram aos seus filhos corresponde a atitudes prevalecentes entre a classe média não religiosa nos Estados Unidos de hoje. Nada de disciplina severa, nenhum castigo físico, ausência de reprimendas violentas. Algumas pessoas achavam os filhos dos Hawthorne barulhentos e indisciplinados, mas Sophia, sempre inclinada a vê-los como criaturas modelares, informou à sua mãe, cheia de felicidade, numa carta, que, num festival local à luz de tochas, as crianças se divertiram muitíssimo e se comportaram de maneira tão maravilhosa que conquistaram todos os corações. Eles acharam que nunca houve uma criança tão soberba quanto Julian, nem uma graciosidade como a de Una. "Eles não são demasiado tímidos nem demasiado ousados," disse a sra. Field, "estão na medida justa."

Em que consiste "a medida justa," claro, é questão de opinião. Hawthorne, que era sempre mais rigoroso em suas observações do que sua mulher — incapaz, por força do instinto e hábito, de permitir que o amor interferisse em suas avaliações — não hesita em dizer o quanto, algumas vezes, a presença de Julian era incômoda para ele. Este tema é abordado na primeira página do diário e aparece repetidas vezes, ao longo dos 20 dias que passaram juntos. O menino era um grande tagarela, uma verdadeira máquina de verborréia e, horas depois da partida de Sophia, Hawthorne já se queixava de que "é impossível escrever, ler, pensar ou até mesmo dormir (durante o dia), tão constantes são os apelos que ele me faz, de uma maneira ou de outra." Na segunda noite, depois de tornar a comentar o fluxo interminável de tagarelice que saía dos lábios de Julian, Hawthorne o pôs na cama e acrescentou:

(...) e não preciso hesitar em dizer que fiquei satisfeito de me livrar dele — sendo meu primeiro alívio da sua companhia durante o dia inteiro. Isto pode ser uma coisa boa por demais.

Cinco dias depois, em 3 de agosto, ele batia novamente na mesma tecla:

> Ou estou com menos paciência hoje do que o habitual, ou, então o homenzinho exige mais dela; mas, realmente, parece que ele me acossou com mais perguntas, referências e observações do que se esperaria que um pai mortal fosse capaz de suportar.

E, novamente, em 5 de agosto:

> Ele continua a me atormentar com suas inquirições. Por exemplo, agora mesmo, enquanto entalha madeira com meu canivete. "Papai, se você tivesse comprado todos os canivetes da loja, o que faria para conseguir outro, quando quebrasse todos?" "Procuraria em outro lugar," eu disse. Mas isso não o detém, absolutamente. "Se você tivesse comprado todos os canivetes do mundo, o que faria?" E aqui minha paciência acaba, e eu lhe suplico para não me perturbar com mais nenhuma pergunta tola. Realmente, acho que lhe faria bem levar uma surra por causa desse hábito.

E, novamente, em 10 de agosto: "Que Deus tenha piedade de mim. Será que algum homem já foi tão bombardeado por uma conversa infantil quanto eu!"

Esses pequenos surtos de irritação são precisamente o que dá ao texto seu encanto — e sua verdade. Nenhuma pessoa sã pode suportar a companhia de uma criança de alta voltagem sem uma ocasional explosão, e a admissão, por parte de Hawthorne, de uma falta de calma transforma o diário em algo mais do que apenas um álbum pessoal de memórias de verão. Há doçura no texto, claro, mas ele não é jamais excessivo (demasiado espírito, demasiado sarcasmo) e, como Hawthorne evita atenuar suas próprias falhas e esconder seus momentos de depressão, ele nos transporta para além de um espaço estritamente privado, chegando a algo mais universal, mais humano. Repetidas vezes, Hawthorne contém sua cólera, sempre que está à beira de lhe dar vazão, e a conversa sobre surrar o menino não passa de um impulso passageiro, de uma maneira de satisfazê-lo usando a pena, em vez da mão. De modo geral, ele mostra uma notável paciência ao lidar com Julian, aceitando o menino de cinco anos com seus caprichos, escapadas e discursos amalucados, com constante equanimidade, concedendo prontamente que "é um homenzinho tão alegre e bem-humorado que existe aí, sem dúvida, um divertimento misturado com todo o aborrecimento." Apesar das dificuldades e possíveis frustrações, Hawthorne estava determinado a não refrear seu filho com demasiada severidade. Após o nascimento de Rose, em maio, Julian fora forçado a andar nas pontas dos pés pela casa e a falar em sussurros. Agora, de repente, ele tem permissão para "gritar e berrar tão alto quanto eu quiser," e o pai simpatiza com a ânsia do filho por agitação. "Aprecia tanto sua liberdade," escreve Hawthorne, no segundo dia, "que não pretendo refreá-lo, por mais barulho que faça."

Mas Julian não era a única fonte de irritação. Em 29 de julho, o marido sem esposa explodiu de repente, despejando uma atrabiliária invectiva em torno de uma das suas constantes obsessões:

> Este é um clima horrível, realmente pavoroso. Não se sabe, nem mesmo durante dez minutos, se está frio demais ou quente demais, mas é sempre uma coisa ou outra; e o constante resultado é uma lamentável perturbação de todo o sistema. Detesto-o! Detesto-o!! Odeio Berkshire com toda a minha alma e alegremente veria suas montanhas achatadas.

Em 8 de agosto, após uma excursão com Melville e outros para a comunidade *shaker*, em Hancock, nas proximidades, ele só fez sobre a seita os mais maldosos e cortantes comentários:

> Todo o deplorável fingimento deles de limpeza e arrumação não passa da mais tênue superficialidade (...) os *shakers* são, e devem necessariamente ser, um ban-

> do sujo. E há a profunda e sistemática falta de privacidade deles; sua íntima ligação entre um homem e outro [rotineiramente, dois homens dormiam juntos numa pequena cama], e a supervisão de um homem sobre outro. É odioso e nojento pensar em tudo isso; e quanto antes a seita for extinta melhor (...)

Depois, com uma espécie de sarcasmo triunfante, ele aplaude Julian por atender a um chamado da natureza, durante a visita deles, e defecar na propriedade.

> Através de toda essa vila bizarra seguiu nosso homenzinho pulando e dançando, em excelente estado de espírito; não fazia muito tempo que estava lá quando desejou conferenciar consigo mesmo — eu tampouco relutei quanto ao fato de ele conceder tal sinal de sua consideração (altamente merecido por eles) ao sistema e ao estabelecimento daqueles tolos *shakers*.

Com menor severidade, talvez, mas com um perceptível toque de desdém, ele também teve algumas coisas pouco gentis para dizer sobre sua vizinha e senhoria, Caroline Tappan — um mês inteiro antes da infame controvérsia sobre árvores frutíferas, que sugeria uma antipatia prévia, talvez de longa data. (Alguns biógrafos especularam que ela se insinuou para Hawthorne, durante a ausência de Sophia — ou, pelo menos, desejaria fazer isso, se ele lhe desse qualquer encorajamento.) Hawthorne e Julian tinham dado o coelho de estimação aos Tappan, achando que o animal poderia ser mais feliz na casa maior; mas, por vários motivos (um cão ameaçador, maus tratos por parte da filha mais nova dos Tappan), o novo acerto não funcionou. A sra. Tappan procurou Hawthorne:

> E falou em dá-lo ao pequeno Marshall Butler e sugeriu, além disso (em resposta a algo que eu disse sobre acabar com sua existência), que ele podia ser devolvido ao bosque, para se arranjar por si mesmo. Há algo característico nesta idéia; mostra o tipo de sensibilidade que acha desagradável a dor e a miséria das outras pessoas, exatamente como se fosse um mau cheiro, mas está perfeitamente à vontade quando elas são afastadas da sua esfera. Suponho que por nada deste mundo ela mataria o Coelhinho, embora fosse capaz, sem escrúpulos nem remorsos, de expô-lo à certeza da vagarosa fome.

Além desses raros exemplos de ressentimento e ultraje, a atmosfera de *Vinte dias* é serena, comedida, bucólica. Todas as manhãs, Hawthorne e Julian iam buscar leite numa fazenda vizinha; travavam "lutas de faz-de-conta", pegavam a correspondência no correio de Lenox à tarde e faziam freqüentes passeios ao lago. No caminho, "declaravam guerra aos cardos", o esporte favorito de Julian —

fingindo que os cardos eram dragões e batendo neles com toda força, com varas. Colhiam flores, tiravam groselhas e arrancavam vagens e abóboras da horta. Hawthorne construiu um barco de mentira para Julian, usando um jornal como vela; um gato que se afogava foi salvo de uma cisterna; e, durante suas visitas ao lago, eles faziam variadas pescarias, atiravam pedras na água e cavavam buracos na areia. Hawthorne dava banho em Julian todas as manhãs e, depois, lutava com a tarefa de cachear seu cabelo, raramente com resultados satisfatórios. Houve um episódio de cama molhada em 3 de agosto, uma dolorosa picada de vespa no dia 15, uma dor de estômago e uma dor de cabeça a serem tratadas nos dias 13 e 14 e uma perda de controle da bexiga fora de hora durante uma caminhada para casa, no dia 6, o que levou Hawthorne a comentar:

> Ouvi-o berrar, enquanto eu estava a alguma distância atrás dele e, ao me aproximar, vi que ele caminhava com as pernas bem abertas. Pobre homenzinho! Suas ceroulas estavam inteiramente encharcadas.

Mesmo não estando inteiramente à vontade no serviço, o pai aos poucos tornou-se a mãe e, em 12 de agosto, entendemos que Hawthorne assumira inteiramente esse papel quando, pela primeira vez em mais de duas semanas, ele perdeu de repente a noção de onde Julian estava.

Depois do jantar, sentei-me com um livro (...) e (...) ele esteve ausente por uma hora, em lugares desconhecidos. Finalmente, comecei a pensar que era tempo de procurá-lo; pois, agora que estou sozinho com ele, tenho todas as ansiedades da sua mãe, somadas às minhas próprias. Então, fui até o celeiro e os pés de groselha, e gritei pela casa toda, sem resposta; e, finalmente, sentei-me no feno, sem saber em que direção procurá-lo. Mas, pouco depois, ele apareceu correndo em torno da casa, seu pequeno punho erguido e uma fisionomia sorridente, enquanto gritava que tinha uma coisa muito boa para mim.

A não ser pela excursão à vila *shaker*, com Melville, em oito de agosto, a dupla ficou perto da casa, mas a escapada foi uma experiência divertida para o menino, e Hawthorne está no auge da sua habilidade de captar seu entusiasmo, quando se mostra capaz de ver o acontecimento através dos olhos do seu filho. O grupo se perdeu na volta de carruagem para casa e, quando passaram por Lenox:

(...) foi depois do anoitecer; na verdade, se não fosse a lua cheia, estaria completamente escuro. O homenzinho comportava-se ainda como um experiente viajante; mas, algumas vezes, virava a cabeça para me olhar, do assento da frente (onde estava sentado entre Herman Melville e Evert Duyckinck) e sorria para mim, com uma expressão peculiar e estendia a mão para trás, a fim de me tocar. Era um método para estabelecer uma empatia, em meio ao que, sem dúvida, parecia-lhe a mais louca e sem precedentes série de aventuras que algum dia já vivera algum viajante.

Na manhã seguinte, Julian anunciou a Hawthorne que gostava do sr. Melville tanto quanto do seu pai, da sua mãe e de Una e, com base na evidência de uma curta carta que Melville mandou para Julian, seis meses depois (muito tempo após os Hawthorne partirem da região das montanhas Berkshire), parece que esse afeto era recíproco. "Estou muito feliz de ter um lugar no coração de um pequeno camarada tão admirável quanto você", escreveu ele e, depois de comentar os pesados acúmulos de neve nos bosques em torno de Pittsfield, concluiu com uma despedida calorosa: "Por gentileza dê lembranças minhas ao seu bom pai, mestre Julian, e adeus, e que o Céu sempre o abençoe, & que você seja um bom menino e se torne um grande bom homem."

Uma visita anterior de Melville a Lenox, em 1º de agosto (seu 32º aniversário), proporcionou a Hawthorne suas horas provavelmente mais agradáveis durante aquelas três semanas de vida de solteiro. Após passar no correio com Julian naquela tarde, na volta para casa, ele fez uma pausa num lugar protegido, para ler seus jornais, e então "um cavaleiro montado aproximou-se pela estrada e me saudou em espanhol; ao que respondi tocando em meu chapéu, e continuei com o jornal. Mas, tendo o cavaleiro renovado sua saudação, encarei-o mais atentamente e vi que era Herman Melville!" Os dois homens caminharam juntos no percurso de dois quilômetros até a casa vermelha (com Julian, "altamente satisfeito", montado no cavalo de Melville), e depois, nas frases provavelmente mais citadas de *The American Notebooks*, Hawthorne continua:

> Depois do jantar, coloquei Julian na cama; e Melville e eu conversamos sobre o tempo e a eternidade, coisas deste mundo e do outro, e livros e editoras e todos os assuntos possíveis e impossíveis, até bem tarde da noite; e, verdade seja dita, fumamos charutos mesmo dentro do sagrado recinto da sala de estar. Finalmente, ele se levantou, selou seu cavalo (que tínhamos posto no celeiro) e cavalgou para sua própria residência; e eu me apressei a aproveitar ao máximo o pouco de tempo de sono que me restava.

Esse foi o único momento arrebatador numa sucessão de dias, fora disso, letárgicos. Quando não estava cuidando de Julian, Hawthorne escrevia cartas, lia Fourier, preparando-se para iniciar *The Blithedale Romance*, e fazia uma tentativa sem muito ânimo de ler o *Pendennis*, de Thackeray. O diário inclui muitos trechos sutilmente escritos sobre a luz mutável da paisagem (poucos romancistas olharam para a natureza tão atentamente quanto Hawthorne) e algumas descrições engraçadas e cada vez mais simpáticas de Patas Traseiras, o coelho de estimação que infelizmente morreu, quando a crônica chegava ao fim. De forma crescente, porém, à medida que sua solidão se arrastava, Hawthorne ansiava pela volta da sua esposa. No início da última semana, esse sentimento se tornou uma dor constante. Após colocar Julian na cama, na noite de 10 de agosto, ele soltou de repente as amarras e irrompeu num jorro poético de saudade e dedicação.

> Deixem-me dizer abertamente, só esta vez, que ele é um menino doce e adorável e digno de todo o amor que sou capaz de lhe dar. Graças a Deus! Que Deus o abençoe! Que Deus abençoe Febe, por dá-lo a mim! Que Deus a abençoe como a melhor esposa e mãe do mundo! Que Deus abençoe Una, que anseio por voltar a ver! Que Deus abençoe a pequena Botão de Rosa! Que Deus me abençoe, por causa de Febe e de todos eles! Nenhum outro homem tem uma esposa tão boa, ninguém tem filhos melhores. Gostaria de ser mais merecedor dela e deles!

A anotação então conclui:

> Minhas noites são todas melancólicas, solitárias e sem livros que eu esteja com o estado de espírito para ler; e esta noite foi como o resto. Então, fui para a cama por volta das nove horas e tive saudade de Febe.

Ele esperou que ela voltasse no dia 13, depois no 14, depois no 15, mas várias demoras e comunicações falhas adiaram a partida de Sophia de West Newton até o dia 16. Cada vez mais ansioso e frustrado, Hawthorne não obstante levou em frente diligentemente o diário. No último dia mesmo, durante mais um passeio ao lago com Julian, ele se sentou na beira da água, com uma revista e, enquanto lia, foi impelido a fazer a seguinte observação que, em certo sentido, destaca-se como uma breve e inadvertida *ars poetica*, uma descrição precisa do espírito e da metodologia de toda a sua escrita:

> (...) a melhor maneira de obter uma impressão e sentimentos vívidos de uma paisagem é sentar-se diante dela e ler, ou absorver-se em pensamentos; pois então, quando os olhos da pessoa são por acaso atraídos para a paisagem, parecem pegar a natureza desprevenida e vê-la antes que ela tenha tempo para mudar seu aspecto. O efeito não dura senão um rápido instante e desaparece quase na mesma hora em que a pessoa toma consciência dele; mas é real, durante aquele momento. É como se a pessoa pudesse ouvir por alto e entender o que as árvores estão sussurrando entre elas; é como se pudéssemos dar uma rápida olhada num rosto sem véu, que se vela diante de todos os olhares intencionais. O mistério é revelado e, após uma ou duas respirações, volta a ser o mesmo mistério de antes.

Da mesma forma como ocorre com a paisagem, também ocorre com as pessoas, especialmente as pequeninas, no viço da infância. Tudo nelas é mudança, tudo é movimento e só se pode captar sua essência "pegando-a despercebida", em momentos em que não se está conscientemente procurando por ela. Esta é a beleza da pequena peça de Hawthorne, escrita como um diário. Durante toda a labuta e tédio acarretados pela constante companhia do menino de cinco anos, Hawthorne pôde olhá-lo com freqüência suficiente para captar algo da sua essência, para lhe dar vida em palavras. Um século e meio depois, ainda estamos tentando descobrir nossos filhos, mas atualmente fazemos isso tirando fotos e seguindo-os de um lado para outro com câmeras de vídeo. Mas as palavras são melhores, eu acho, pelo menos porque não desbotam com o tempo. Custa mais esforço escrever uma frase verdadeira do que focalizar uma lente e apertar um botão, claro, mas as palavras vão mais fundo do que as fotos — que raramente podem registrar algo além da superfície das coisas, sejam paisagens ou os rostos das crianças. Em todas, menos as fotografias melhores ou de mais sorte, a alma está ausente. É por isso que *Vinte dias com Julian & Coelhinho* merece nossa atenção. À sua maneira modesta, sem expressão, Hawthorne conseguiu realizar o que toda mãe ou pai sonha fazer: manter seu filho vivo para sempre.

Paul Auster
Julho de 2002

*Vinte dias com
Julian & Coelhinho, por papai*

LENOX, SEGUNDA-FEIRA, 28 DE JULHO, 1851.

Sete da manhã. A Esposa, E.P.P., Una e Botão de Rosa partiram, deixando Julian e eu de posse da Cabana Vermelha. O primeiro comentário que o querido cavalheiro fez, em seguida, foi: "Papai, não é ótimo que o bebê tenha ido embora?" Sua perfeita confiança em minha simpatia por seu sentimento era muito estranha. "Por que ótimo?" Indaguei. "Porque agora posso gritar e berrar tão alto quanto quiser!", respondeu ele. E, durante a meia hora seguinte, exercitou seus pulmões o quanto quis, e com isso quase pôs tudo abaixo. Depois, bateu numa caixa vazia e parecia divertir-se imensamente com o barulho que criava. No curso da manhã, porém, caiu num profundo devaneio, e parecia muito pensativo. Perguntei-lhe em que pensava e ele disse: "Ah, em mamãe ir embora. Não gosto de estar longe dela"; e então ele romantizou, falando em conseguir cavalos e galopar atrás dela. Declarou, além disso, que gosta de Una, e que ela nunca o incomodou. [...]

Nem sei como atravessamos o banho da manhã; [...] e [...] [semelhantes] tipos de ocupação racional. É impossível escrever, ler, pensar ou sequer dormir (durante o dia) tão constantes são os apelos que ele me faz, de uma maneira ou de outra; ainda assim, é um homenzinho tão alegre e bem-humorado que existe aí, sem dúvida, um divertimento misturado com todo o aborrecimento.

À tarde, descemos até o lago e nos divertimos jogando pedras dentro da água até que nuvens pesadas nos advertiram no sentido de voltarmos para casa. No bosque, a meio de caminho de casa, um aguaceiro nos pegou; sentamo-nos em cima de um velho tronco apodrecido, enquanto os pingos de chuva caíam copiosamente nas árvores acima. Ele gostou do aguaceiro e me obsequiou com vários comentários sábios sobre o clima, pois deve-se observar que tem uma opinião maravilhosa sobre sua própria sabedoria e se considera, além de qualquer comparação, mais sábio e mais experimentado do que seu pai. O tempo continuou chuvoso todo o resto do dia; assim, não me lembro de ele ter saído depois disso.

Como companheiro de brincadeiras dentro de casa havia Coelhinho, que não se revela uma companhia muito interessante, e me dá mais trabalho do que merece. Deveria haver dois coelhos, a fim de um trazer à luz

as qualidades notáveis do outro — se é que existe alguma. Sem dúvida, eles têm o mínimo destaque e proemi-
nência característica entre todas as criaturas que Deus fez.
Sem nenhuma alegria, silencioso como um peixe, inativo, a vida de Coelhinho se passa entre um apático meio-
cochilo e o mordiscar de talos de trevo, alface, folhas de
bananeira da terra, verduras e migalhas de pão. Algumas
vezes, na verdade, ele é tomado por um pequeno impulso de animação; mas não parece uma coisa alegre, e sim
nervosa. Coelhinho tem uma fisionomia singular —
como a de alguém que já vi, mas de quem me esqueço.
A uma olhada apressada, é bastante imponente e aristo-
crática; porém, examinando-a mais atentamente, desco-
bre-se que é risivelmente vaga. Julian agora presta-lhe
pouca atenção e deixa para mim todo o trabalho de colher folhas para ele; de outra forma o pobre animalzinho
provavelmente morreria. Estou fortemente tentado pelo
Demônio a matá-lo em segredo, e meu maior desejo seria o de que a sra. Peters o afogasse.

Julian divertiu-se muito hoje com meu canivete que,
estando felizmente cego como uma enxada, dei-lhe para
fazer entalhes. Então ele fez o que chamou de barco; e
declarou sua intenção de fazer um palito de dentes para
sua mãe, outro para si mesmo, para Una e também
para mim. Por duas vezes, cobriu inteiramente com lascas de madeira o chão do *boudoir*, e encontra nisso um

divertimento tão inesgotável que acho que seria um preço pequeno a pagar a perda de um ou dois dos seus dedos.

Mais ou menos às seis e meia, coloquei-o na cama e caminhei até o correio, onde encontrei uma carta da sra. Mann para Febe. Não me demorei lá e cheguei em casa, embaixo de um aguaceiro, mais ou menos às oito horas. Fui para a cama sem jantar — não tendo nada para comer, a não ser meio pão-azedo cozido.

TERÇA-FEIRA, 29 DE JULHO, [1851].

Levantei-me às seis; uma manhã fria e arejada, com o sol dando umas olhadas através de nuvens sombrias, que pareciam pairar muito baixo e repousar nas cristas das montanhas em torno do nosso vale. Tomei banho e depois chamei Julian, que logo acordou e me convocou, algum tempo antes de eu estar pronto para recebê-lo. Ele foi comigo pegar o leite, saltando e cabriolando pela estrada afora de modo a demonstrar como está em boas condições físicas. Depois do desjejum, imediatamente pediu o canivete e começou a fabricar os palitos. Quando o orvalho secou, fomos até o celeiro, e de lá para o jardim; de um lado para outro passou-se a metade da manhã, até as dez e meia — a presente hora do dia.

Em seguida, ele se aplicou ao jogo de bastão e bola de um lado para outro do quarto, com imensa algazarra e alvoroço, felicitando-se continuamente pela licença de fazer o barulho que quisesse, na ausência do bebê. Aprecia tão imensamente sua liberdade que não pretendo refreá-lo, por mais barulho que faça.

Depois, levamos Coelhinho para o ar livre e o colocamos na grama. Ao ar livre, Coelhinho aparece em seus piores aspectos. Seu traço mais interessante é sua natureza receosa; ele é tão rápido e permanece tão continuamente em movimento quanto uma folha de choupo-tremedor. O mínimo ruído o espanta; e podemos avaliar sua emoção através do movimento de suas orelhas; assusta-se e entra desordenadamente em sua casinha mas, um instante depois, torna a espiar para fora e começa a mordiscar a grama e as ervas daninhas; assusta-se novamente e, de forma igualmente rápida, torna a se tranqüilizar. Algumas vezes, parte numa ágil corridinha, sem nenhum motivo, exatamente como uma folha seca é soprada para a frente por uma rajada de vento. Não acho que esses temores sejam nenhum tormento considerável para Coelhinho; é sua natureza viver no meio deles e misturá-los, como uma espécie de molho picante, com cada bocado que come. É o que redime sua vida da monotonia e da estagnação. Coelhinho parece pouco à vontade sob a luz ampla e aberta do sol; é seu impulso procurar a sombra ——

a sombra de um tufo de arbustos, ou a sombra de Julian, ou a minha. Parece pensar que está em demasiado perigo, sendo um personagem tão importante quanto é, na largura do quintal, e aproveitou várias oportunidades para marinhar até o colo de Julian. Finalmente, estando hoje frio o vento noroeste — frio demais para mim, especialmente quando uma das mil nuvens de chuva interceptou o sol —, todos três entramos. Este é um clima horrível, realmente pavoroso. Não se sabe, nem por dez minutos, se está frio demais ou quente demais, mas é sempre uma coisa ou outra; e o constante resultado é uma lamentável perturbação do sistema. Detesto-o! Detesto-o!! Odeio Berkshire com toda a minha alma e alegremente veria suas montanhas achatadas. Luther e o velho sr. Barnes falam como se este clima fosse algo incomum. Talvez seja; mas, na verdade, imagino que um estado variável da atmosfera, em tempo de verão, seja na verdade inerente a um território montanhoso, e deve-se sempre esperá-la. De qualquer forma, fique registrado que aqui, onde eu esperava gozar perfeita saúde, pela primeira vez tornei-me sensível ao fato de que não posso, com impunidade, encontrar a natureza em todos os seus estados de espírito.

Desde que entramos, Julian novamente aplicou-se àquele abençoado canivete e agora está "lascando e afinando", como diz, enquanto vai golpeando e conversando consigo mesmo, com grande satisfação, sobre seus planos e realizações.

Depois do jantar (carneiro assado para mim e arroz cozido para Julian) descemos até o lago. A caminho, travamos guerra com os cardos, que representavam dragões e hidras de muitas cabeças, e com altos verbascos, que passavam por gigantes. Um destes últimos ofereceu uma resistência tão inflexível que minha vara se quebrou no embate, e então eu a cortei num comprimento adequado a Julian; depois do quê ele manifestou uma estranha mistura de dor pela minha perda e alegria por seu ganho. Chegando ao lago, ele cavou com a maior persistência em busca de minhocas, esperando com isso pegar um peixe; mas não conseguiu encontrar nenhuma. Então, jogamos inúmeras pedras na água, pelo prazer de ver os salpicos; também construí um barco, tendo um pedaço de jornal rasgado como vela, e lancei-o numa viagem, e pudemos ver o brilho da sua vela muito tempo depois, bem distante, sobre o lago. A tarde estava lindíssima — tinha características outonais — com um sol brilhante, quente, alegre, mas com uma frieza no ar; de modo que, embora fosse muito incômodo ficar sentado ao sol, senti-me compelido a voltar para ele, após uma rápida experiência da sombra. As pesadas massas de nuvens, amontoando-se por toda parte no céu, lançavam profundas sombras negras nas encostas ensolaradas; de modo que o contraste entre o calor e a frieza do dia era assim visivelmente expresso. A atmosfera estava particularmente transparente, como se todo o nevoeiro se reunisse naquelas densas nuvens. Objetos distantes apareciam com grande nitidez e a serra Taconic era uma substância azul escuro, com suas protuberâncias e irregularidades visíveis — não semelhante a uma nuvem, como muitas vezes fica. O sol sorria com suave amplitude através do lago ondulante — ondulante por causa do vento noroeste.

Na volta para casa, renovamos nossa guerra com os cardos; e eles sofreram terrivelmente no combate. Julian tem em si um verdadeiro espírito de batalha e põe a alma em seus golpes. Imediatamente após nossa volta, pediu o canivete e agora não pára de me atormentar para que eu olhe os feitos que realiza com ele. Abençoado seja o homem que inventou os canivetes.

Em seguida, saímos e colhemos algumas groselhas. Ele tagarela constantemente, durante todas essas várias atividades, e muitas vezes diz coisas estranhas, que esqueço ou não consigo captar o suficiente para registrar. Entre outras coisas, durante a colheita de groselhas, ele especulou sobre os arco-íris e perguntou por que não eram chamados de arcos-do-sol ou de sol-arco-íris; e disse também que achava que suas cordas-de-arco eram feitas de teias de aranha; era por esse motivo que não podiam ser vistas. Parte do tempo, ouço-o dizendo poesias, com boa ênfase e entonação. Nunca tem crises de mau humor nem fica deprimido; e, com certeza, sua felicidade dura o dia inteiro. É suficientemente feliz sozinho e, quando dou atenção às suas brincadeiras, ou brinco com ele, fica excessivamente feliz e quase explode em risadas e encantamento.

O pequeno Marshall Butler acabou de entrar para perguntar se "o pássaro" já chegou. Temo que vamos ser favorecidos com visitas todos os dias, até ele chegar. Desejaria que o papagaio original lhe tivesse sido dado, quaisquer que fossem seus defeitos; porque raramente sofri mais com a presença de qualquer indivíduo do que com a deste odioso diabretezinho. Julian não lhe deu a menor atenção, como se ele não estivesse presente; continuou com sua conversas e suas ocupações, demonstrando uma imparcialidade que eu não podia senão invejar. Ignora-o absolutamente; nenhum experiente homem do mundo poderia fazê-lo melhor, ou metade tão bem. Após espionar a sala e examinar os brinquedos, Marshall encaminhou-se para fora.

Já eram quase sete horas quando o coloquei na cama, e não preciso hesitar em dizer que fiquei satisfeito de me livrar dele — sendo meu primeiro alívio da sua companhia durante o dia inteiro. Isto pode ser uma coisa boa por demais.

Por volta das oito horas, a sra. Tappan apareceu, trazendo três jornais e o primeiro volume do *Pendennis*.

Parecia num estado de espírito muito agradável. Li os jornais até as dez, e depois fui para a cama.

QUARTA-FEIRA, 30 DE JULHO, [1851].

Levantei-me não muito antes das sete. Uma manhã fria e soturna, com um vento creio que sudeste, ameaçando chuva. Julian vagueia de um lado para outro, deita-se no chão e parece, em certa medida, reagir ao clima. Confio que não seremos visitados com uma longa tempestade.

O dia está tão pouco propício que não demos nenhuma caminhada matinal; apenas perambulamos pelo celeiro e a horta. Coelhinho tornou-se inteiramente domesticado e vem pulando encontrar-nos sempre que entramos na sala, e fica em pé nas patas traseiras, para ver se temos alguma coisa para ele. Julian mudou seu nome (que era Primavera) para Patas Traseiras. Descobrimonos até afeiçoados a este animalzinho, especialmente quando ele mostra confiança e se põe à vontade. Mas é muito incômodo procurar comida para ele; pois parece que quer comer quase sem parar, mas não gosta do seu capim ou das suas folhas, a menos que estejam inteiramente frescos. Pão, ele belisca um pouco, mas logo abandona. Acabei de trazer-lhe algumas sementes verdes de aveia, do campo da sra. Tappan. De tudo o que existe de comestível, ele parece gostar, mais do que de qualquer outra coisa, dos sapatos de Julian; e se permite uma provada neles em todas as ocasiões possíveis.

Às quatro horas, vesti Julian; e partimos para a vila; ele saltando e cabriolando como um bodezinho, e colhendo flores como se estivesse no paraíso. As flores não tinham a mínima beleza, a não ser a que os seus olhos criavam ao olhá-las; não obstante, ele as considerava as mais lindas do mundo. Encontramos uma carruagem com três ou quatro moças, ficando todas evidentemente afetadas por seus poderosos encantos. Na verdade, ele raramente passa por alguém que use saias sem conquistar seu coração. É muito estranho, pois não vejo no jovem cavalheiro qualquer magia maravilhosa desse tipo.

Ao chegar ao correio, descubro — com grande desapontamento, pois na verdade não concebia a possibilidade — que não há nenhuma carta de Febe, nem nada mais para mim; nada, a não ser uma carta e um jornal para o sr. Tappan. Então, ponho uma carta para Pike, que escrevi há alguns dias e esquecera de enviar, e uma curta carta para Febe, que escrevi hoje — e imediatamente partimos de volta. Subindo o morro, deste lado do sr. Birch, encontramos uma carroça na qual estava sentado o sr. James e sua mulher e filha, que haviam acabado de deixar seus cartões em nossa casa. Seguiu-se uma conversa bastante agradável e amistosa. Ele é, sem dúvida,

61

um excelente homem, e sua esposa é uma mulher simples, boa, amável e de bom coração, e a filha uma boa moça; não obstante, Julian achou o sr. James bastante tedioso e disse que não gostara de forma alguma da sua conversa. Na verdade, o pobre diabretezinho estava mortalmente cansado de ficar em pé. O sr. James falou do *A casa das sete torres* e do *Twice-told Tales* e, a partir daí, estendeu-se sobre a literatura inglesa em geral.

Ao chegar em casa, descobrimos o jantar de Julian pronto e ele o comeu, e parece inteiramente preparado para a cama — para onde, agora (às seis e meia), vou destiná-lo.

Li o *Pendennis* durante a noite e concluí o dia com uma tigela de *egg-nog*.

QUINTA-FEIRA, 31 DE JULHO, [1841].

Por volta das seis horas, olhei por cima da beira da minha cama e vi que Julian estava acordado e me observava de viés, tendo nos olhos uma risada contida. Então, levantamo-nos e, primeiro, dei-lhe banho, depois tomei o meu, propondo em seguida cachear seu cabelo. Esqueci-me de dizer que tentei a mesma coisa na manhã anterior à última, e o resultado foi miraculosamente ruim; na verdade, foi um fracasso tamanho que o garoto estourou numa risada, à primeira sugestão de repetir a tentativa. Mas persisti e enrolei seu cabelo em torno de uma vara, até quase arrancá-lo da sua cabeça, ele o tempo inteiro berrando e rindo, entre a dor e o divertimento. Esforçou-se para me explicar como procedia sua mãe; mas suas instruções não eram muito claras e só fizeram emaranhar ainda mais o negócio. Mas, agora que seu cabelo está seco, o aspecto não é tão ruim como seria de se esperar.

Depois de operar dessa forma em sua peruca, fomos buscar o leite. Era outra manhã nublada e lúgubre, com uma nuvem (que parecia tão cheia de umidade quanto uma esponja molhada) jazendo por todo o comprimento da montanha a oeste, embaixo da qual a encosta coberta de floresta parecia negra, sombria e erma. A montanha Monument também tinha uma nuvem sobre suas costas; mas o sol brilhava ao longo dos seus flancos, o que a tornava um objeto inteiramente alegre; e, estando no centro do cenário, ela animava todo o quadro, como um coração jovial. Até suas florestas, em comparação com os bosques das outras montanhas, tinham uma luz, com as extensões desmatadas parecendo duplamente ensolaradas; um campo de centeio, exatamente em seu sopé, brilhava muito, iluminando toda a paisagem com amarelo esplendor. Enquanto caminhávamos, o homenzinho mascava ruidosamente um pedaço de pão e conversava sobre o "ovalho" (como ele pronunciava a palavra) sobre o capim, dizendo que achava que as fadas o haviam despejado sobre o capim e as flores, com suas pequenas jarras. Depois, atormentou-me para que lhe dissesse de que lado da estrada eu achava que o capim orvalhado tinha o aspecto mais bonito. Assim, com sua tagarelice o tempo inteiro ao meu lado, como se um regato corresse ao longo do caminho, chegamos à casa de Luther; e o velho Atropos pegou o balde, com um sorriso triste, e o devolveu com dois quartos de leite.

Estando o tempo frio e o sol sem constância ou força suficiente para secar o orvalho, passamos a maior parte da manhã dentro de casa. O querido cavalheiro, como de costume, incomodou-me com inúmeras perguntas e contínuas referências a todas as suas ocupações.

Depois do almoço, fizemos uma caminhada até o lago. Quando nos aproximamos da margem, vimos um barco um pouco ao largo; e outro se aproximou da praia e sua tripulação logo em seguida desembarcou. Eram três homens, com aspecto de vadios. Perguntaram-me se havia alguma água potável por perto; depois, caminharam terra adentro para ver o campo, como é costume de viajantes quando põem os pés em terras estranhas. Imediatamente a seguir, Julian foi até o barco deles, que examinou com grande interesse, soltando uma grande exclamação ao descobrir nele alguns peixes. Eram apenas uns poucos bremas e peixes-macacos. O homenzinho queria que eu entrasse no barco e saísse navegando com ele; e só com dificuldade consegui afastá-lo do lugar. Fiz para ele uma pequena embarcação de ripas, coloquei-a para navegar e ela seguiu direção oeste, pois o vento hoje sopra do leste. Depois, seguimos pela labiríntica margem do lago e, sentando-se, ele atirou na água pedaços de musgo, que chamava de ilhas — ilhas verdes flutuantes — e disse que havia sobre elas árvores, fazendas e homens. Pouco depois, apesar dos seus protestos, insisti em ir para casa. Ele pegou um porrete e começou novamente a velha guerra com os cardos — os quais chamávamos de hidras, quimeras, dragões e górgonas. Assim fomos combatendo, em nosso caminho para casa; e assim se passou o dia, até agora, às quatro e vinte da tarde.

No início do verão, pensei que a paisagem sofreria com a perda da pura e abundante vegetação, depois que as pastagens se amarelassem e os campos fossem ceifados. Mas, agora, acho a mudança uma melhora. O contraste entre o verde desbotado e, aqui e acolá, os campos quase marrons e sombrios, em comparação com o verde profundo dos bosques, é muito pitoresco, nas encostas.

Antes do jantar, a sra. Tappan entrou, com dois ou três volumes das obras de Fourier, que eu queria emprestados, tendo em vista meu próximo romance. Ela propôs que Julian fosse até sua casa amanhã ver Ellen; ao que, de boa vontade, dei meu consentimento, e o querido cavalheiro também pareceu satisfeito com a perspectiva. Agora, ele acabou de jantar e será posto na cama, sem demora. A sra. Peters, cujo marido está doente, ou não passa bem (provavelmente, está bêbado), vai para sua casa esta noite, e voltará de manhã. E agora, Julian está na cama e colhi e esmaguei algumas groselhas e dei a Coelhinho seu jantar de alface que ele parece apreciar mais do que tudo; embora não deixe escapar nada, na classe dos vegetais. Hoje comeu uma folha de hortelã, aparentemente com grande gosto. Faz-me sorrir ver como ele vem invariavelmente galopando para me encontrar sempre que abro a porta, verificando se há algo guardado para ele, e farejando ansiosamente para descobrir o que é. Come muito e, eu acho, cresceu e ficou muito maior do que quando veio para cá. O mistério que o envolve — a falta de qualquer método para se comunicar com esta criatura sem voz — aumenta o interesse. Depois, ele é por natureza tão cheio de pequenos alarmas que é agradável encontrá-lo livre deles, no que toca a Julian e a mim.

SEXTA-FEIRA, 1º DE AGOSTO, [1851].

Este foi outro dia frio e triste; tão gélido que vesti Julian com um casaco tricotado quando fomos buscar o leite. Havia um conclave geral de nuvens no céu, mas entremeadas com azul e, depois, com brilhos parciais de um sol aguado. A montanha Monument estava na sombra esta manhã, e o espinhaço ocidental pegava sol. A atmosfera se achava particularmente clara; a tal ponto que não me lembro de ter visto algum dia a massa da Taconic tão proeminentemente projetada do seu contorno quanto naquele momento. Antes, parecia apenas um pouco mais para a frente do que a Monument.

Bruin correu junto conosco, para grande divertimento de Julian; mas, em nossa volta, o cão começou a saltar e a se movimentar rapidamente de um lado para outro, de forma algo turbulenta — em conseqüência do que o querido cavalheiro foi tomado por um pavor congênito de cães vira-latas e explodiu em prantos.

Estava tão sombrio fora de casa que passamos a manhã entre quatro paredes. Ocupei-me com duas cartas (irritantemente curtas) de Febe e com jornais que a sra. Peters trouxera do correio. Cerca das 11 horas chegou Deborah com a pequena Ellen, a fim de levar Julian para Highwood; então, sua majestade partiu e só fui vê-lo novamente depois do almoço. Embalei e enviei os instrumentos de esculpir de Febe que a sra. Mann quer, por algum motivo. Confio que Febe não será convencida, entre todos os seus outros cuidados e aborrecimentos, a fazer nenhuma alteração ou modificação do busto dele. Se isto me tivesse ocorrido mais cedo, certamente eu não teria enviado os instrumentos.

Comemos, hoje, as primeiras vagens da temporada, na verdade os primeiros produtos da nossa horta, com exceção das groselhas e alfaces. Às três da tarde, Julian chegou em casa. Disse que comera no almoço tomates, feijão e aspargos e que gostara muito de tudo e se divertira. Vesti-o, e também me vesti, para uma caminhada até a vila, e partimos às quatro. Não tendo sido feita ainda a entrega da correspondência, quando chegamos, fomos ao escritório do sr. Farley (onde o encontramos, e também o sr. Sedwick) e em seguida até a casa do sr. Farley, ou melhor, ao seu galinheiro, para ver seu esplêndido galo e as galinhas. Pouco depois, dei a entender ao sr. Sedwick que alugaríamos a casa da sra. Kemble, no outono. Voltando ao correio, peguei a correspondência do sr. Tappan e a minha própria e segui em direção de casa, mas passei sem jeito por cima da cerca e me sentei em Love Grove, para ler os jornais. Enquanto fazia isso, um homem a cavalo veio pela estrada e me cumprimentou em espanhol; ao que respondi tocando em meu chapéu e continuei a ler os jornais. Mas, tendo o cavaleiro renovado sua saudação, olhei-o mais atentamente e vi que era Herman Melville! Assim, imediatamente, Julian e eu corremos para a estrada, onde se seguiram cumprimentos, e fomos todos juntos para casa, conversando pelo caminho. Logo o sr. Melville apeou e colocou Julian na sela; e o homenzinho ficou altamente satisfeito e sentou-se no cavalo com a liberdade e destemor de um experiente ginete, dando um passeio de pelo menos dois quilômetros na direção de casa.

Pedi à sra. Peters para fazer um pouco de chá para Herman Melville; e ela assim procedeu e ele bebeu uma xícara, mas teve medo de beber demais, pois assim não conseguiria dormir. Depois do jantar, coloquei Julian na cama; e Melville e eu conversamos sobre tempo e eternidade, coisas deste mundo e do outro, e livros e editoras e todos os assuntos possíveis e impossíveis, até bem tarde da noite; e, verdade seja dita, fumamos charutos mesmo dentro do recinto sagrado da sala de estar. Finalmente, ele se levantou, selou seu cavalo (que tínhamos posto no celeiro) e cavalgou para sua própria residência; e eu me apressei a aproveitar ao máximo o pouco de tempo de sono que me restava.

SÁBADO, 2 DE AGOSTO, [1851].

De manhã, nós nos levantamos em torno das seis e meia e, depois que Julian tomou banho, e eu também, e a cabeleira de Julian cacheou-se adequadamente, partimos em busca do leite. Pela primeira vez, desde alguma data imemorial, era realmente uma manhã agradável, não se via uma só nuvem, a não ser umas poucas listras brancas e luminosas, muito distantes, na direção sul. A montanha

Monument, porém, tinha um nevoeiro semelhante a uma pele de carneiro, iluminado pelo sol, cobrindo-a inteiramente, com exceção do seu cume ocidental, que emergia. Havia também nevoeiros ao longo do lado ocidental, pairando sobre os topos das árvores, e porções do mesmo nevoeiro haviam esvoaçado para cima, tornando-se verdadeiras nuvens no céu. Esses vapores sumiam rapidamente; e, quando terminamos nossa tarefa e voltamos, haviam desaparecido por completo.

Esqueci-me de dizer, nas anotações da noite passada, que Herman Melville convidou-me para passar vários dias com Julian em sua casa, na próxima semana, quando E. A. Duyckinck e seu irmão deverão estar lá. Aceitei por uma noite, pelo menos; e então Melville deve vir pegar-nos.

Às dez horas, enviei Julian para Highwood, com Coelhinho, que ele vai dar de presente a Ellen. A verdade é que nossa casa é pequena demais e não temos acomodações adequadas para o excelente Coelhinho, pelo qual tenho grande consideração, mas cujos hábitos não o tornam adequado para ser ocupante constante da sala de estar. Nosso tapete de palha estava começando a sofrer seriamente por causa de alguns dos seus procedimentos. Em Highwood, podem dar-lhe um cômodo só para ele, se quiserem — ou, em suma, fazerem o que lhes agradar com ele. De fato eu gostava do Coelhinho, que tem uns jeitinhos muito simpáticos e um caráter que vale a pena observar. Ele se familiarizou inteiramente conosco, parecia mostrar um gosto pela nossa companhia e sempre se sentava perto de nós, prestando atenção a todos os nossos movimentos. Tem, eu acho, muita curiosidade e uma tendência à investigação e é muito observador do que se passa em torno dele. Não conheço nenhum outro animal, e apenas uns poucos seres humanos que, sempre presente e enfiando sua patinha em todos os assuntos do dia, pudesse ser, ao mesmo tempo, tão perfeitamente discreto. Não posso senão lamentar sua partida, tanto por nossa causa quanto pela dele; pois temo que Ellen vá espremê-lo e atormentá-lo de outras maneiras e que ele não encontre ninguém em Highwood tão atento aos seus hábitos quanto eu era. Que pena que ele não possa conter-se e controlar-se com relação a certos assuntos. Julian também parecia meio triste por se separar do Coelhinho, mas estava tão satisfeito com a idéia de dá-lo a Ellen que não fez nenhuma objeção. Ainda não voltou para dizer como a oferta foi aceita.

Às 11h15, Julian voltou e informa que eles não lhe agradeceram por Coelhinho e que Ellen começou a espremê-lo com muita força no primeiro minuto. Ele viu Deborah, Caroline e Ellen. Elas não entenderam, de início, que Coelhinho deveria ficar lá; e, quando Julian se afastava, perguntaram-lhe se ia deixar Coelhinho. "Ora," disse o homenzinho, "ele vai ser de Ellen!" — ao que elas nada disseram. Ele diz, porém, que elas pareceram satisfeitas de ficar com ele. Pobre Coelhinho, temo que esteja destinado a ser um sofredor pelo resto da sua vida. Ellen, segundo o relato de Julian, segurou o pobrezinho por sua pele e por sua pata traseira, mantendo-o a balançar no ar e cometeu vários outros ultrajes. Talvez fosse melhor se eu o tivesse afogado. É possível que ainda tenha uma oportunidade de fazer isso; pois não me admiraria se o mandassem de volta. Julian diz que tem um grande desejo de roubá-lo de lá e vir correndo para casa.

Antes do almoço, demos uma caminhada até o lago, onde descobrimos um barco puxado para a praia e, se não estivesse amarrado à raiz de uma árvore e trancado, acho que faríamos uma viagem para lugares estranhos. O homenzinho entrou no barco e se divertiu muito; especialmente quando descobriu alguns peixinhos velhos, que estavam evidentemente há dias no fundo do barco.

Depois do almoço chegou o sr. Farley, como ele mais ou menos me sugeriu que faria, quando o encontrei ontem. Veio com o objetivo de tentar pescar alguns peixes; então todos três fomos até o lago. Julian ficou inteiramente extasiado. Não adianta tentar impedi-lo de se tornar um pescador; há nele o autêntico instinto; e, mais cedo ou mais tarde, este se satisfará. Da minha parte, não vejo nenhum motivo para não ser assim; é a tendência mais inofensiva que existe. No entanto, nossa sorte, esta tarde, não o levou a se sentir atraído pela busca. Pegamos apenas umas poucas bremas e percas, cada uma das quais o querido cavalheiro imediatamente ergueu pelo rabo, examinando-a com um interesse encantado e se movendo brincalhonamente o tempo inteiro, como se fosse por simpatia para com os movimentos agitados dos pobres peixes. Depois de algum tempo, eu e o sr. Farley nos cansamos e partimos para casa. A tarde foi a mais perfeita possível, quanto à beleza e ao conforto; quente apenas o bastante; nada a ser acrescentado ou tirado. Ele não ficou para o chá, foi para casa levando o *White Jacket*, de Melville.

Coloquei Julian na cama às sete, ou por volta disso, e saí para colher algumas groselhas. Enquanto assim me ocupava, a sra. Tappan passou pela beira do jardim, seguindo para o celeiro mais baixo; e lhe perguntei se Julian dera o coelho de presente a Ellen com a devida cortesia. Ela riu e disse que sim, mas disse também que eles acharam Coelhinho completamente importuno, e que Ellen o maltratava, e que o cão estava sempre tentando pegálo — em suma, Coelhinho não se revelara uma aquisição desejável. Ela falou em dá-lo ao pequeno Marshall Butler e sugeriu, além disso (em resposta a algo que eu disse sobre acabar com sua existência), que ele podia ser devolvido ao bosque, para se arranjar por si mesmo. Há

algo característico nesta idéia; mostra o tipo de sensibili-
dade que acha desagradável a dor e a miséria das outras
pessoas, exatamente como se fosse com um mau cheiro,
mas está perfeitamente à vontade quando essas pessoas
são afastadas da sua esfera. Suponho que por nada deste
mundo ela mataria Coelhinho, embora fosse capaz, sem
escrúpulos nem remorsos, de expô-lo à certeza da vaga-
rosa fome. Vendo que não havia nada diferente a ser feito, propus receber Coelhinho de volta e ela prometeu
trazê-lo amanhã.

A sra. Peters foi para casa imediatamente após o jantar. Li *Pendennis* durante a noite, comi cerca de um quarto
de groselhas esmagadas e fui para a cama às dez.

DOMINGO, 3 DE AGOSTO, [1851].

O homenzinho acordou-me com sua exclamação entre
as duas e três horas da manhã; e o descobri, com assom-
bro, completamente encharcado. Houvera um dilúvio em
sua cama e em nenhuma outra parte. Então, fui obrigado
a descer a escada, procurar uma camisola limpa para ele
e fazer todos os outros arranjos que podia para seu conforto. É quase um acidente sem precedentes, no caso dele.

Demorou para eu tornar a dormir; e então só acordei
às seis e meia, quando ele parecia acordado há bastante

tempo. Dei-lhe banho e tomei meu próprio banho, como de costume, acendi um fogo na cozinha e fui buscar o leite. A manhã estava perfeita, com um sol amplo e brilhante e, acredito, nem uma só nuvem em todo o céu, a não ser umas poucas grinaldas de nevoeiro, aqui e acolá, nas distantes encostas. O lago estava liso como um espelho e mostrava reflexos imóveis dos bosques e montanhas. Essa superfície espelhada é o melhor aspecto de um lençol d'água tão pequeno. Na casa de Luther Butler, encontramos seu sogro, o caro sr. Barnes, cortando o cabelo de um rapaz. O paciente estava sentado numa cadeira à porta da cozinha; e o caro sujeito parecia realizar a operação com muita habilidade, tinha feito uma superfície bastante uniforme sobre sua cabeça, deixando o cabelo com uns poucos centímetros de comprimento.

Disse a Julian que o mandaria pegar Coelhinho depois do desjejum. O rosto do homenzinho ruborizou-se todo de satisfação mas, mesmo assim, ele parecia confuso. "Ora, papai," disse ele, "você sabe que deixei Coelhinho lá para ser de Ellen; então, não posso pegá-lo, a não ser que o mandem de volta." Acalmei seus escrúpulos, contando-lhe o que a sra. Tappan dissera; e ele imediatamente ficou com muita vontade de ir pegar Coelhinho. Por volta das nove horas, deixei-o ir; e mais ou menos meia hora depois ele voltou, com Coelhinho em sua casinha. O pobre Coelhinho parecia ter perdido muito de sua

confiança na natureza humana e se mantinha tão reco-
lhido quanto podia num canto da caixa; não teve nenhuma reação aos meus avanços nem quis pegar uma folha
de alface que lhe ofereci. Acho que ele viveu mesmo num
grande tormento durante sua ausência. Julian diz que
demorou muito até poder sair com ele por causa de Bruin;
tão desejoso estava aquele teimoso cão de pegar o pobre
Coelhinho.

Li *Pendennis* até às 12 horas, enquanto o querido
menino divertia-se de um lado para outro; depois, ven-
do-o no vale, fui até lá e me deitei sob uma macieira [...].
Julian subiu na árvore e se sentou num galho, com as
pernas escarranchadas. Seu rosto redondo e alegre aparecia entre as folhas verdes e um contínuo fluxo de tagarelice vinha pingando em cima de mim, como um
aguaceiro de verão. Ele disse como gostaria de viver sempre na árvore e fazer um ninho de folhas. Depois, disse
que queria ser um pássaro, para poder voar para longe;
e que iria para um buraco fundo e me traria de lá uma
mala de ouro; e que voaria para West Newton e traria
mamãe para casa, em suas costas; e que voaria para o
correio em busca de cartas; e colheria feijões, abóboras e
batatas. Depois de algum tempo, fui pegá-lo e tirei-o da
árvore, e, afastando-nos um pouco do local, encontramos
por acaso um eco notável. Repetia cada palavra da sua
vozinha clara, em sua habitual altura de fala, e, quando

um ou outro de nós falava alto, podíamos ouvir até três ou quatro repetições — a última vindo aparentemente de um lugar bem além do bosque, com uma estranha e fantástica parecença com a voz original, como se seres algo parecidos conosco estivessem gritando na invisível distância. Julian gritou "Mamãe", "Una" e muitas outras palavras, depois gritou seu próprio nome e, quando o sol voltou para cima de nós, ele disse que mamãe o chamava. Realmente, que coisa estranha e sobrenatural é um eco!

Às duas da tarde, a família inteira almoçou; Julian uma ponta de pão, eu um empadão e Coelhinho alguns mordiscos na crosta. O homenzinho e eu descemos depois até o lago. A cruzada contra os cardos ainda continua; e os verbascos também recebem sua parte dos golpes. Depois de vaguear algum tempo pela praia do lago, viemos em direção de casa através do campo do sr. Wilcox e do seu alto pinheiral. Deitei-me de costas, olhando para cima através dos ramos das árvores, enquanto Julian passava quase um quarto de hora, eu acho, derrubando a pancadas um único grande caule de verbasco. Não há dúvida de que ele, algumas vezes, revela uma determinação perseverante. Caminhamos através do bosque, por entre as altas colunas daqueles pinheiros primevos, e de lá para casa, ao longo da margem de um pântano, onde colhi um ramo de tabuas. Isto traz a história para o tempo presente, faltando alguns minutos para as cinco horas.

Ou estou com menos paciência hoje do que o habitual, ou então o homenzinho exige mais dela; mas, realmente, parece que ele me acossou com mais perguntas, referências e observações do que se esperaria que um pai mortal fosse capaz de suportar. Deixa-me quase fora de mim; jamais me larga, interfere continuamente, com sua palavra, entre as cláusulas de cada frase de toda a minha leitura, e espatifa em mil fragmentos qualquer tentativa de reflexão.

Coloquei-o na cama às sete; colhi e esmaguei algumas groselhas; dei uma caminhada meditativa de um lado para outro atrás da casa, apreciando a vista do lago e das montanhas; comi as groselhas, li atentamente um jornal (tendo terminado o primeiro volume do *Pendennis*) e fui para a cama antes das dez.

SEGUNDA-FEIRA, 4 DE AGOSTO, [1851].

Levantamo-nos por volta das seis e meia; e, antes de terminar o banho, chegou a sra. Peters. Na ida em busca do leite o sol brilhava quente, mas não luminoso, através de uma fina camada de nuvens difusa por todo o céu. O homenzinho parecia animado e em boas condições, embora se virasse tanto, durante a noite, que me acordou. Depois do desjejum, colhi tantas vagens que encheram uma bandeja e Julian encheu com elas um balde de estanho de sua propriedade individual.

O homenzinho tem especulado sobre a idade da sua mãe e diz que ela tem 20 anos. "Tão pequena", exclama ele, "e com 20 anos!"

À medida que o dia avançava, foi ficando muito frio, por causa do vento leste. Ah, um vento leste trazendo um hálito do mar salgado. Claro, esta atmosfera infernal fez-me pegar um resfriado; e fiquei sentado, tremendo o dia inteiro, com uma profunda falta de vontade de me movimentar. O dia inteiro, quero dizer, até pouco depois das quatro, quando Julian e eu partimos para a vila. O homenzinho manteve-se animado e martelou e bateu numa ou outra carpintaria, para imenso desconforto da minha cabeça; embora eu tenha entrado numa leve sonolência, em meio a tudo isso. Em nosso caminho para a vila, ele saiu trotando como um jovem potro, com suas pernas curtas, mas incansáveis. Ao chegar ao correio, não encontramos nenhuma carta, a correspondência do leste por um motivo ou outro não chegara — um infeliz contratempo. Depois de entrar no tribunal para ver o sr. Farley e de ter ficado algum tempo sentado em seu escritório, voltamos nossos rostos na direção de casa; o querido cavalheiro atormentando-me dolorosamente para que eu conseguisse uma laranja para ele — o que, porém, eu não poderia fazer sem uma longa caminhada até o outro lado da vila. Ele parecia mais ativo e animado do que nunca, em nosso caminho para casa; enquanto eu estava triste, taciturno e profundamente sem elasticidade. Entrei na avenida para Highwood com uma carta e um jornal para Willy Barney; e, encontrando aberta a janela do gabinete, entrei e peguei o *Home Journal*, que li numa cadeira sob o alpendre.

Coloquei Julian na cama às sete e depois me embrulhei em meu traje para dormir alcochoado e fiquei sentado no *boudoir*; tomei um pouco de noz vômica e fui para a cama antes das dez.

TERÇA-FEIRA, 5 DE AGOSTO, [1851].

Dormi bastante bem e o mesmo aconteceu com o caro cavalheiro; embora ele me tenha acordado uma vez com suas reviradas e agitações. Levantamo-nos, como de costume, às seis e meia; meu resfriado, aparentemente, está em fase de melhora. O clima, como descobrimos quando fomos buscar o leite, estava bem menos frio do que ontem; mas havia nuvens carregadas no céu inteiro, algumas repousando nos cumes dos morros. Vento nenhum, em absoluto; o lago perfeitamente liso. Ao voltar para nossa casa, vindos da casa de Luther, o homenzinho demorou-se atrás de mim para colher algumas flores e, depois, quando começou a correr, levou uma queda terrível.

Falta agora um quarto para as onze. O único acontecimento notável, até este momento, foi uma visita. Eu estava sentado no *boudoir* quando ouvi uma batida na porta da frente; e a sra. Peters disse que uma senhora desejava ver-me; então subi nas pontas dos pés até o andar de cima e dei um jeito de me tornar, assim de repente, tão apresentável quanto possível, descendo depois para a sala de estar. A visitante era uma senhora bastante jovem e com ótima aparência, olhos simpáticos e inteligentes, e usando um bonito vestido *quaker*. Estendeu-me a mão e falou com muita simplicidade, porém com elegância, sobre seu interesse em minhas obras e sobre o fato de não ser capaz de resistir a um desejo de me ver, ao descobrir que estava perto da minha casa. Convidei-a a ir para a sala de estar, a fim de apreciar nossa vista dos fundos; e conversamos sobre o panorama e sobre várias pessoas e assuntos. Lowell, Whittier, sr. James e Herman Melville foram mais ou menos discutidos; ela parecia ser amiga particular de Whittier e ouvira falar da visita que ele me fizera, há dois ou três anos. Suas maneiras eram de fato muito agradáveis; a simplicidade *quaker* e o ligeiro toque da fraseologia *quaker* davam um tempero ao seu refinamento e ao seu ar de pessoa de sociedade. Tinha um sorriso amável e olhos que respondiam prontamente ao pensamento da pessoa; de modo que não era difícil conversar com ela; uma singular, embora cortês, liberdade para expressar suas próprias opiniões; uma completa ausência de afetação. Essas foram as características que me impressionaram e, levando tudo isso em conta, foi a única visita agradável que tive em minha vida, na condição de escritor. Ela não me entediou com louvações aos meus escritos, mas simplesmente disse que há escritores com quem nos sentimos privilegiados de ter relações, pela natureza da nossa simpatia por sua obra — ou algo parecido etc. etc. etc.

Todo esse tempo, Julian ficou subindo em meu colo e agindo de outras maneiras como um grande bebê desajeitado, crescido demais. Usava um casaco de tricô com o qual achei prudente provê-lo, de manhã, devido ao vento leste. Este, porém, tirei em presença da dama. Eu escovara e frisara seu cabelo, após o desjejum; mas ele só parecia pior, para aborrecimento meu. Ela sorriu para ele, elogiou seu aspecto saudável e perguntou se era parecido com sua mãe — observando que não tinha nada meu. Finalmente, ela se levantou para ir embora e eu a conduzi até o portão onde, quando se despediu, disse-me seu nome — "Elizabeth Lloyd" — e, dando-me um "Adeus!", seguiu seu caminho e não mais a vi. Não cavalgara até aqui, estava caminhando. Mora na Filadélfia. Julian permitiu que ela o beijasse.

Li Fourier hoje, quando cheguei a ler alguma coisa. O tempo ainda está incerto, ameaçando chover a cada momento e jamais cumprindo sua ameaça. Talvez fosse mais adequado chamar a isso, agora, de promessa, em vez de ameaça; pois, na verdade, é um tempo excessivamente seco. O lago está com um recuo de um metro e meio ou dois em sua margem, a um ponto que nunca vi, e o riacho acha-se inteiramente seco ao longo de grande parte do seu leito. O efeito da seca é visível na folhagem dos bosques; esta se reduziu em poucos dias, de modo que a sombra que lança não é mais tão densa. Esta falta de umidade pode ser um motivo para a secura e o amarelado das folhas e até os ramos começam a ser vistos. Mas muitas características outonais podem agora ser detectadas; as flores amarelas, a tonalidade amarela dos campos de cereais, a folhagem não mais cheia de sumo, porém ressecada — tudo conta a história de um clímax passado. E quando passou? Tenho certeza de que não sei.

Em nosso caminho para casa, Julian foi picado na perna por uma vespa e berrou insuportavelmente. Isto foi ao passar por cima da sebe junto ao campo de aveia do sr. Tappan. Ele pareceu inteiramente em agonia, no início, mas já se recuperara antes de alcançarmos a casa, tanto que pediu um pedaço de pão e um copo d'água com mais seriedade do que um remédio para a picada. Primeiro, banhei sua perna com arnica e, depois, dei-lhe comida. Tudo isso nos levou a um quarto para as cinco. Ele continua a me atormentar com suas inquisições. Por exemplo, agora mesmo, enquanto entalha madeira com meu canivete: "Papai, se você tivesse comprado todos os canivetes da loja, o que faria para conseguir outro, quando quebrasse todos?" "Procuraria em outro lugar", eu disse. Mas isso não o detém absolutamente. "Se você tivesse comprado todos os canivetes do mundo, o que faria?" E, aqui, minha paciência acaba, e lhe suplico para não me perturbar com mais nenhuma pergunta tola. Realmente, acho que lhe faria bem levar uma surra por causa desse hábito.

Coloco-o na cama entre seis e sete horas; e, meu resfriado não estando inteiramente curado, vou eu próprio para a cama às nove.

QUARTA-FEIRA, 6 DE AGOSTO, [1851].

Levantamo-nos mais ou menos na hora costumeira. A perna e o pé do homenzinho estavam inchados e inflamados, em conseqüência da picada de vespa de ontem, e ele se queixou de dor quando a parte foi tocada, embora sob outros aspectos ele parecesse bastante bem. Dei-lhe dois glóbulos de Aconite e o aconselhei a não ir comigo buscar o leite; mas ele insistiu e foi junto, sem nenhum problema. Era uma manhã clara e amena, com algumas nuvens, mas com uma atmosfera singularmente transparente. Conseguimos um pouco de manteiga na casa de Luther; e estando eu sobrecarregado com o leite, dei-a para o caro cavalheiro carregar. Ele protestou com uma voz estridente, rápida, que soou bem parecida com a tagarelice de um esquilo zangado mas, quando argumentei com ele e mostrei a impropriedade de eu carregar dois fardos, enquanto ele não carregava nenhum, cedeu imediatamente e se recusou a me deixar pegar a manteiga, quando achei que ele a carregara até suficientemente longe.

Após o desjejum, colhemos algumas abóboras, as primeiras que nossa horta produziu. Depois, frisei sua peruca, uma arte na qual não percebo que tenha feito qualquer progresso. Foi antes das dez, creio, que iniciamos uma caminhada para o lago; sendo um belo final de manhã, com um calor no sol e um frescor nos sopros do vento. No lago, o homenzinho proveu-se de um velho galho de árvore seco, na extremidade do qual amarrou uma palha, e começou a pescar, com uma fé que realmente dava dó contemplar. Em seguida, atravessamos o verde e tremeluzente bosque, até chegarmos à praia próxima da estrada Stockbridge, onde ambos nos divertimos, durante algum tempo, pondo para flutuar varas e lascas de madeira. Quanto a mim, sentia-me muito inativo, com este preguiçoso e entorpecente resfriado que dura mais do que o habitual. Ele não me tornava de forma alguma um companheiro de brincadeiras adequado para este monstrinho brincalhão. Passava das 12 horas quando voltamos para casa.

Depois do almoço, saímos e fomos até o celeiro, onde descansamos em meio ao feno novo; e, quando tornamos a entrar em casa, encontrei duas cartas — uma de Febe, dando um rápido sumário dos seus aborrecimentos; a outra de Pike, referente a um plano para uma residência de praia. Como já tínhamos a intenção de ir à vila esta tarde, partimos para lá pouco depois das quatro horas. O sol estava quente, com um eventual sopro de vento frio; o mesmo tempo venenoso que tivemos com tanta freqüência este verão; mas, apesar disso, o vento era agradável. Não encontrei nada no escritório, a não ser o "Museum" e uma carta de um colecionador de autógrafos. Comprei geléia, [...] como meu único consolo. Julian estava notavelmente pouco à vontade na vila; a tal ponto que vim embora sem comprar um pouco do pão de açúcar que há tanto tempo queríamos. Ele demonstrava tanta inquietação em seus movimentos que suspeitei que estivesse, em sua frase técnica, "com vontade"; mas ele negou absolutamente isso. Paramos em Love-Grove; e ali, novamente, indaguei sobre o assunto; mas ele ainda disse que não. Estava tão inquieto, porém, que o aconselhei a ir para casa antes de mim; e ele, conseqüentemente, partiu em marcha acelerada. Alcancei-o na subida do

86

morro, deste lado da propriedade do sr. Butler. Ouvi-o berrar, enquanto eu estava a alguma distância atrás dele e, ao me aproximar, vi que caminhava com as pernas bem abertas. Pobre homenzinho! Suas ceroulas estavam inteiramente encharcadas. É uma verdadeira crueldade para com uma criança não vesti-la de uma forma que lhe permita a liberdade da natureza, a qualquer momento. Os meninos não gostam de dizer suas necessidades, especialmente quando são anormalmente freqüentes, como parece ser o caso, hoje.

Coloquei-o na cama por volta das sete horas. Agora são entre oito e nove horas. No escuro da noite, exatamente agora, veio a sra. Tappan tomar emprestados alguns ovos (emprestei-lhe sete) e perguntar se pretendo escrever novamente para Sophia, antes da sua volta. Neste caso, deseja que ela compre cinco quilos de arroz moído.

Folheei um jornal, durante a noite, e fui para a cama antes das dez.

QUINTA-FEIRA, 7 DE AGOSTO, [1851].

Levantamo-nos bem mais tarde do que o habitual, esta manhã; só às sete horas, pelo nosso relógio, que, no entanto, está vinte minutos adiantado com relação ao da vila. Uma manhã tranqüila, quente, com o sol já brilhando intensamente, embora abafado, aqui e acolá, por uma nuvem. Seguimos por nossa habitual via láctea. O aspecto das montanhas era diferente do que vem sendo há algum tempo, por causa de um nevoeiro ensolarado que conferia aos objetos distantes um afastamento ainda maior. Era uma manhã preguiçosa. Eu a sentia particularmente assim; e o homenzinho reconheceu a mesma influência, pela ausência de um pouco da sua animação habitual; mas isto não aconteceu com dois ou três esquilos que vimos fugir pelo topo das sebes. Julian falou sobre flores venenosas com as quais, segundo ele, a estrada está marginada, e que não devem ser tocadas com as mãos descobertas.

Depois do desjejum, colhemos alguns feijões; depois, frisei seus cachos. É observável que seu cabelo só começa a apresentar um aspecto respeitável depois de eu ter trabalhado com ele na véspera; de modo que, todas as manhãs, regularmente, estrago meu trabalho manual do dia anterior. A paciência dele, sob a operação, é a mais exemplar que se possa imaginar.

Durante o fim da manhã, o tempo ficou chuvoso, de modo que não pudemos fazer outras excursões, a não ser para o telheiro e o celeiro. O sr. Waldo, que estava no campo acompanhado por uma de suas filhas, trouxe-a até aqui por alguns minutos. Ela é uma criança bastante bonita, com cerca de três anos, grandes olhos escuros e um rostinho estranho e alegre. Julian manteve-se reservado e lhe deu pouca ou nenhuma atenção, a não ser pelo fato de correr e pegar Coelhinho, por sugestão minha. Está ficando um rapaz, com relação a isso; ou seja, um pequeno monstro de estúpidas boas maneiras. Ela ficou muito encantada com Coelhinho, que pensou ser uma espécie de gatinho; e me deu alguma esperança de passar este valioso animal para o sr. Waldo, para proveito da sua filha; mas ele não se ofereceu para levar Coelhinho. Conversei com ele sobre o fourierismo e assuntos afins, e ele parece ser um homem de pensamento e inteligência. Disse que Cornelius ia à vila hoje; e lhe dei uma carta que escrevera para Febe, para ser posta no correio — o que, de certa forma, lamento, pois não terei certeza de que foi mesmo colocada. Então, preciso escrever outra antes do sábado.

O tempo continuou muito chuvoso, durante a tarde inteira. Exatamente agora, houve uma cena muito pitoresca, que desejaria poder reproduzir em palavras. Em frente ao nosso vale, de leste para oeste, havia um pesado dossel de nuvens, quase repousando sobre as montanhas, de cada lado. Ele não se estendia para o sul até a montanha Monument, que jazia ao sol e com uma nuvem ensolarada a meio do caminho do seu seio; e, do meio da nossa tempestade, embaixo do nosso negro telhado de nuvens, olhamos para essa cena luminosa, em frente, onde as pessoas gozavam de um tempo lindo. As nuvens pendiam tão baixo, acima de nós, que era como estar numa tenda, cuja entrada achava-se levantada, permitindo-nos ver a paisagem ensolarada. Isto durou vários minutos; mas, finalmente, o aguaceiro se estendeu para o sul e apagou inteiramente a montanha Monument, tornando-a invisível; embora ela esteja reaparecendo, agora, em meio ao nevoeiro. Suponho que tal [...] (das lacunas) do clima.

Julian livrou-se da tarde de variadas maneiras: fazendo um chicote e um arco e flecha, e jogando com varinhas, tendo a si próprio como antagonista. Passara-se menos de uma hora, eu acho, depois do almoço, quando ele começou a incomodar pedindo algo para comer; embora tenha almoçado abundantemente, comendo arroz e feijão. Permiti-lhe comer uma fatia de pão, no meio da tarde; e, uma hora depois, ele começou a berrar a plenos pulmões pedindo mais, e a me bater terrivelmente, porque recusei. Ele é realmente tão forte quanto um pequeno gigante. Acabou de me perguntar: "O que são perguntas sensatas?" — acho que pretendendo fazer-me algumas.

Depois de uma resistência altamente violenta, o caro cavalheiro foi posto na cama às sete horas. Devo mencionar que a sra. Peters presta-lhe a maior atenção, à sua maneira sombria. Hoje, por exemplo, descobrimos duas fitas no velho chapéu de palha dele, que devem ser o resultado das costuras dela. Ela não encoraja nenhuma familiaridade da parte dele, tampouco ele é minimamente atraído para ela, como também não se mostra exatamente reverente; em vez disso, ela reconhece que não deve haver nenhuma comunicação além das inevitáveis — e, dentro deste entendimento, concede-lhe toda a bondade substancial.

Para a cama não muito depois das nove.

SEXTA-FEIRA, 8 DE AGOSTO, [1851].

Não passava muito das seis quando nos levantamos. Uma manhã agradável, com um sol quente e nuvens arrastando-se pesadamente pelo céu, especialmente no sentido norte e leste; os remanescentes do aguaceiro de ontem, e talvez uma previsão de tempo parecido hoje. Quando fomos pegar o leite, a sra. Butler me disse que não tinha mais nenhuma manteiga para nós no momento; então, precisamos recorrer a Highwood. Antes do desjejum, o homenzinho ouviu um gato miando; e, investigando isso, descobrimos que o barulho vinha da cisterna. Removi uma tábua e, sem a menor dúvida, parecia haver um gato ali dentro, nadando para salvar a vida. A sra. Peters o ouviu, a noite passada; e provavelmente estava ali há umas dez ou 12 horas, chapinhando naquele buraco horrendo. Depois de muitos esforços para tirá-lo, finalmente baixei um balde, no qual ele deu um jeito de subir, e assim puxei-o para fora. O pobrezinho estava quase esgotado e mal podia rastejar; o que não surpreende, após uma noite como a que deve ter passado. Nós lhe demos leite, que ele bebeu em pequena quantidade. Era um dos filhotes.

Já no final da manhã, veio Deborah com Ellen, para ver Julian e Coelhinho. Julian estava inteiramente silencioso. Entre as 11 horas e as 12 horas, chegaram Herman Melville e os dois Duyckinck numa caleche. Melville falara, quando aqui esteve, em trazer esses dois esperados convidados seus para me visitar; e eu pretendia, se fosse de alguma forma viável, convidá-los para o jantar; mas não tínhamos absolutamente nada na casa, hoje. No entanto, tudo transcorreu bastante bem; pois eles propuseram um passeio na caleche e um piquenique, ao que prontamente assenti. Em primeiro lugar, porém, apresentei nossa única garrafa remanescente da champanha do sr. Mansfield, depois do que partimos, levando Julian, claro. Estava um dia admirável; nem frio demais nem quente demais — com uma pequena sombra de nuvens, mas nada indicando chuva iminente. Seguimos pela estrada sobre a montanha, em direção a Hudson e, pouco depois, chegamos a um agradável arvoredo, onde apeamos e arrumamos tudo para o nosso piquenique.

Finalmente, suspeitei que eles haviam considerado a possibilidade, se não a probabilidade, de que eu lhes desse um jantar, pois o repasto não foi esplêndido nem particularmente abundante — apenas alguns sanduíches. Não havia absolutamente nada para Julian, a não ser o pão de mel; porque o pão usado nos sanduíches tinha manteiga e, além disso, mostarda. Então, tive de familiarizar o homenzinho, pela primeira vez em sua vida, com pão de mel; e ele pareceu muitíssimo satisfeito até comer uma considerável quantidade — quando começou a descobrir que não era exatamente algo com que se fazer uma refeição. Mas sua fome foi satisfeita e nenhum dano causado; além disso, havia algumas nozes e passas no fundo da cesta, que ele comeu quase todas, e se satisfez. Apreciou por demais o passeio e todo o acontecimento, e se comportou como um homem experimentado em piqueniques.

Depois de uma fumada embaixo das árvores e de conversa sobre literatura e outras coisas, partimos novamente e decidimos visitar o estabelecimento *shaker* em Hamcock, situado apenas a uns quatro a seis quilômetros de distância. Não sei o que Julian esperava ver — algum estranho tipo de quadrúpede, eu acho —, de qualquer forma, a expressão "*shakers*" evidentemente causou-lhe grande perplexidade; e é provável que tenha ficado um pouco desapontado, quando apontei um velho com um camisolão e um chapéu cinzento, de abas largas, como sendo um *shaker*. Esse velho era um dos fundadores e dirigentes da vila; e guiados por ele visitamos a principal casa residencial da vila. Era um grande prédio de tijolos, com instalações admiravelmente convenientes e pisos e paredes de madeira polida, e gesso liso como mármore, e tudo tão arrumado que era uma dor e um constrangimento olhar para aquilo; especialmente porque não implicava nenhuma verdadeira delicadeza ou pureza moral dos ocupantes da casa. Havia escarradeiras (embora sem nenhum aspecto de terem sido algum dia usadas) a uma distância igual uma da outra, ao longo das compridas e largas entradas. Os dormitórios dos dois sexos tinham uma entrada entre eles, a um lado da qual estavam pendurados os chapéus dos homens e, do outro, os gorros das mulheres. Em cada aposento havia duas camas particularmente estreitas, com largura que mal dava para uma pessoa dormir, mas em cada uma das quais, disse-nos o ancião, dormiam duas pessoas. Não havia nenhum banheiro ou lavatório nos cômodos, mas na entrada havia uma pia e bacia, onde deveriam realizar-se todas as suas tentativas de purificação. O fato mostra que todo o deplorável fingimento deles de limpeza e arrumação não passa da mais tênue superficialidade; e que os *shakers* são, e devem necessariamente ser, um bando sujo. E há a profunda e sistemática falta de privacidade deles; sua íntima ligação entre um homem e outro e a supervisão de um homem sobre o outro. É odioso e nojento pensar em tudo isso; e quanto antes a seita for extinta, melhor — algo que, estou feliz em ouvir dizer, considera-se que não está muitos anos distante.

Na casa grande vimos uma velha — uma roliça, gorda e alegre velha irmãzinha — e duas meninas, entre nove e 12 anos de idade; estas olharam para nós e para Julian com grande curiosidade, embora disfarçadamente, de viés. Às portas de outras habitações, vimos mulheres costurando ou empenhadas em outros tipos de trabalho; e parecia haver uma espécie de conforto entre elas, mas não de um tipo mais elevado do que é gozado por seus animais de carga. Além disso, as mulheres estavam pálidas e nenhum dos homens tinha uma aparência alegre. São sem dúvida o mais singular e diabólico grupo de pessoas que já existiu numa terra civilizada; e um dia desses, quando sua seita e sistemas tiverem desaparecido, uma História dos *shakers* será um livro muito curioso. Através de toda essa vila bizarra seguiu nosso homenzinho pulando e dançando, em excelente estado de espírito; não fazia muito tempo que estava lá quando desejou conferenciar consigo mesmo — eu tampouco relutei quanto ao fato de ele conceder tal sinal da sua consideração (altamente merecido por eles) ao sistema e ao estabelecimento daqueles tolos *shakers*.

95

Creio que eram cerca de cinco horas quando partimos da vila. Lenox ficava provavelmente a uns 30 e poucos quilômetros de distância, mas erramos o caminho e subimos e descemos a montanha através de regiões desconhecidas, percorrendo no mínimo o dobro do percurso que precisávamos cumprir. Foi, de longe, o passeio mais pitoresco que fiz alguma vez na região das montanhas Berkshire. Num dos cumes, pouco antes do entardecer, tivemos uma vista de quilômetros e quilômetros em torno, com as Kaatskills azuis e distantes no horizonte. Depois, a estrada se estendia ao longo da beira de um profundo precipício — profundo, profundo, profundo e cheio da folhagem de árvores com uma altura que chegava apenas à metade de onde estávamos; e, do outro lado do abismo, elevava-se um imenso despenhadeiro. Isto continuou por uma boa distância; e, do outro lado da estrada, havia ocasionais aberturas, através da floresta, que mostravam o campo baixo, no sopé da montanha. Se pudesse encontrar o caminho, gostaria de voltar a esse cenário a pé; pois não tinha a menor idéia de que existia tal região a uma distância de poucos quilômetros de nós.

Pouco depois, vimos a montanha Monument, e o monte Rattlesnake e todas as características familiares da nossa própria paisagem, a não ser pelo lago, que (por alguma feitiçaria que não consigo de forma alguma explicar a mim mesmo) havia desaparecido inteiramente.

Parecia que devíamos ver o lago e nossa casinha vermelha, e Highwood; mas nenhum desses objetos era possível descobrir, embora o cenário fosse certamente aquele do qual eles faziam parte. Já passara o crepúsculo e descobrimos que, enquanto seguíamos, aproximávamo-nos da vila de Lenox, vindos do oeste, e deveríamos passar por ela, antes de chegar em casa. Desci no correio e recebi, entre outras coisas, uma carta de Febe. Quando saímos da vila, foi depois do anoitecer; na verdade, se não fosse a lua cheia, estaria completamente escuro. O homenzinho comportava-se ainda como um experimentado viajante; mas, algumas vezes, virava a cabeça para me olhar, do assento da frente (onde estava sentado entre Herman Melville e Evert Duyckinck), e sorria para mim com uma expressão peculiar e estendia a mão para trás, a fim de me tocar. Era um método de estabelecer uma empatia, em meio ao que, sem dúvida, parecia-lhe a mais louca e sem precedentes série de aventuras que algum dia já vivera algum viajante. Dentro em pouco, paramos em frente ao portãozinho da velha casa vermelha.

Agora, com muitas dúvidas quanto ao resultado, mas constrangido pelas circunstâncias, eu convidara o grupo para tomar chá e descansar os cavalos, antes de voltar a Pittsfield. Eu não sabia se a sra. Peters não se recusaria inteiramente a cooperar, a uma hora daquelas, e com recursos tão escassos quanto os que dispúnhamos. Porém, ela se pôs imediatamente em movimento, como um anjo disfarçado que é; e, da minha parte, fui até Highwood, humilde suplicante em busca de um pouco de pão de açúcar e o que mais decidisse a sra. Tappan conceder. Ela também se mostrou com uma disposição de ânimo angelical e me deu não apenas o pão mas um pote de geléia de framboesa e alguns bolinhos — um presente inestimável, visto que nosso pão estava azedo.

Logo ao chegarmos, Julian atirou-se no sofá sem sequer tirar o chapéu e adormeceu. Quando voltei de Highwood, descobri que a sra. Peters já lhe dera sua ceia e que ele mastigava seu pedaço final de pão. Então tirei sua roupa e lhe perguntei, enquanto fazia isso, se ele se divertira. Mas o teimoso homenzinho disse "não"; embora, até a última meia hora, jamais fosse tão feliz em toda a sua vida; mas o cansaço final apagara a lembrança de todo aquele divertimento. Jamais vi tamanha satisfação e contentamento quanto aqueles com que ele se espichou na cama e, sem dúvida, já dormia antes de eu alcançar o pé da escada.

Dentro de alguns minutos a sra. Peters tinha pronta a ceia — não era nenhuma ceia muito esplêndida, mas nem de longe tão magra quanto poderia ter sido. Chá, pão e manteiga, ovos mexidos, bolinhos, geléia de framboesa; e agradeci aos céus e à sra. Peters, do fundo do coração, não ser pior! Depois do chá, fumamos um pouco e tivemos um pouco de conversa agradável; e, às dez horas, os convidados partiram. Folheei um ou dois jornais e fui para a cama antes das 11 horas. A noite estava maravilhosa, luar intenso, belo, céu sem nuvens, de modo que eu preferiria cavalgar 12 quilômetros até Pittsfield do que ir para a cama.

SÁBADO, 9 DE AGOSTO, [1851].

Julian acordou muito bem disposto, esta manhã, e nos levantamos por volta das sete horas. Eu pensava maravilhas da expedição de ontem; e, perguntando a Julian se ele se divertira, ele respondeu com grande entusiasmo na afirmativa; e disse que queria ir de novo, e que amava o sr. Melville tanto quanto a mim, sua mãe e Una.

Estando o tempo tão bom e bonito, a noite passada, vinha como conseqüência lógica que deveria estar chuvoso, esta manhã; e assim foi. A chuva caía forte, quando nos levantamos; e, embora continuasse da mesma forma, quando fui buscar o leite, a atmosfera estava muito brumosa e sumarenta. De todas as encostas, nevoeiros fumegavam e a montanha Monument parecia envolvida na fumaça de uma grande batalha. Mantive Julian em casa até as 11 horas e então, com o sol brilhando, fomos ao celeiro e, em seguida, ao jardim. O resto do tempo ele brincou com varinhas e montou em seu cavalo e, acima de tudo, incessantemente, ensurdeceu-me e me tonteou com sua tagarelice interminável. Li para ele, no curso da manhã, uma parte da carta de sua mãe que lhe era endereçada; e ele riu desmedidamente.

Não podíamos nos aventurar para longe da casa e do seu ambiente, por causa do clima; então, passamos o dia da melhor forma que pudemos, dentro desses recintos. Acho que poucas vezes vi Julian falar tão incessantemente quanto hoje; quando não lhe dava atenção, falava consigo mesmo. Ficou com excelente estado de espírito o tempo inteiro.

Entre quatro e cinco horas, caiu um dos mais pesados aguaceiros do dia; e, no meio dele, houve uma sucessão de estrondeantes batidas na porta da frente. Julian e eu corremos tão rapidamente quanto possível para ver quem poderia ser; e, ao abrir a porta, ali estavam um jovem no degrau da porta e uma carruagem diante do portão e o sr. James, projetando a cabeça para fora da janela da carruagem, e suplicando abrigo, diante da tempestade! Então, houve uma invasão. Sr. & sra. James, seu filho mais velho, sua filha, seu filho pequeno, Charles, sua criada e seu cocheiro; não que o cocheiro tenha entrado; e, quanto à criada, ficou no saguão. Deus meu, onde estava Febe, nesse período de necessidade! Embora confuso, enfrentei a situação da melhor maneira que pude. Julian ajudou-me de alguma forma, mas não muito. O pequeno Charley é alguns meses mais novo do que ele e a comparação entre os dois pelo menos proporcionou assunto para comentários. A sra. James, felizmente, parecia ter muito medo de trovoada e relâmpagos e, como fossem muito altos e fortes, podia ser considerada *hors du combat*. O filho, que parecia ter cerca de 20 anos, e a filha, de 17 ou 18, preferiram não dizer nada; o que suponho ser a moda inglesa, com relação a jovens assim. Então, o sr. James era o único com quem era necessário falar; e nos demos toleravelmente bem. Ele disse que era o dia do seu aniversário e que estava tomando tudo como um passeio para se divertir, portanto a chuva era uma coisa de se esperar. Conversamos sobre periódicos ingleses e americanos e sobre os puritanos, com relação aos quais nossas opiniões estavam bem de acordo; e o sr. James contou como fora recentemente jogado fora da sua carroça e como o cavalo afastara-se correndo com a sra. James; e conversamos sobre lagartos verdes e vermelhos. E o sr. James contou a Julian que, quando criança, tinha 12 corujas ao mesmo tempo e, em outra ocasião, um corvo, que costumava roubar colheres de prata e dinheiro; também mencionou um esquilo e vários outros bichos de estimação — e Julian riu muito ruidosamente.

Quanto ao pequeno Charley, estava muito interessado no Coelhinho e também no cavalo de balançar, que felizmente acontecia de estar na sala de visitas. Examinou o cavalo de forma muito crítica e fez mil perguntas a respeito dele, com uma pronúncia nitidamente diferente e sem a menor timidez; finalmente, subiu nas costas do cavalo, mas não se mostrou tão bom cavaleiro quanto Julian. Nosso caro menino mal dizia uma só palavra; de fato, não se poderia esperar tal coisa no primeiro impacto de uma invasão como a que experimentávamos. Finalmente, o aguaceiro passou e os invasores sumiram; e, na verdade, espero que, na próxima ocasião como esta, minha esposa possa estar aqui para vê-la.

Imediatamente após a partida deles, a sra. Peters trouxe a ceia de Julian; isto, por estar com pressa de resolver tudo e ir para casa. Agora são 18h20.

Passei uma noite bastante abandonado, e fui para a cama às nove.

DOMINGO, 10 DE AGOSTO, [1851].

Levantamo-nos não muito depois das seis horas. Era uma manhã particularmente fria e com um vento noroeste; e nuvens sombrias e pesadas estavam espalhadas por toda parte, especialmente no sentido norte. Quando fomos buscar o leite, Luther Butler manifestou sua opinião de que o milho não teria bons resultados nesta estação. Na verdade, ela se parece muito pouco com um verão.

Comi o desjejum e a manhã transcorreu sem nenhum incidente até cerca das dez horas, quando partimos para o lago. Lá, o homenzinho pegou um velho galho de uma árvore e se empenhou com muita seriedade em pescar. Tal perseverança certamente merece uma recompensa melhor do que ele provavelmente receberá, embora ele pareça gostar disso e sempre vá embora sem nenhum desapontamento aparente. Em seguida, atiramos algumas pedras no lago; e me deitei na margem, sob as árvores, e observei sua pequena atividade — sua incansável atividade — tão jovial quanto o sol e derramando o reflexo da sua alegria sobre minha taciturnidade. A partir do lago, caminhamos para cima, combatendo verbascos e cardos, e me sentei na margem do alto pinheiral. Ele encontra tanta coisa com que se divertir, em cada lugar com que deparamos, que sempre luta firmemente contra uma remoção. Após passar um pequeno espaço de tempo ali, atravessamos o bosque, chegando ao campo adiante, onde ele insistiu que eu devia sentar-me num grande rochedo e deixá-lo cavar na areia; e assim fiz. Ali o querido garoto fez pequenos buracos e empilhou a areia e imaginou que suas construções eram casas de fadas; e acreditei que, de boa vontade, passaria o resto do dia ali, se eu estivesse tão contente quanto ele. Viemos em direção de casa através da fria primavera da qual bebemos; e, quando chegamos, passava de uma hora.

Como jantar, dei-lhe pão e água, e o remanescente do pudim de maisena; e eu comi um pedaço de bolo e um pepino. Depois saímos e demos comida às galinhas; em seguida, deitei-me na encosta do vale e fumei um charuto, com o sol caindo sobre mim, vindo do claro céu azul, quente e confortador, mas desprovido de calor demasiado forte. Julian, enquanto isso, brincava de um lado para outro, não demasiado afastado a ponto de perder a sensação de companheirismo, mas distante o suficiente para só conseguir falar comigo aos gritos; e, sempre que ele gritava, a clara voz de uma criança, à distância, gritava mais baixo as idênticas palavras. Era o eco. E assim chegamos às duas e meia. O querido menino está agora cavalgando, em seu cavalo de balanço, e conversando comigo com tanta rapidez quanto sua língua lhe permite. Que Deus tenha piedade de mim! Será que algum homem já foi tão bombardeado por uma conversa infantil quanto eu! É o desejo de simpatia que jaz no fundo de toda a sua enorme tagarelice. Ele quer enriquecer todos os seus prazeres encharcando com eles o coração de algum amigo. Não creio que corra o risco de levar uma vida tão solitária quanto a minha tem sido.

Durante a tarde, colhemos algumas groselhas, que esmaguei, e dei-lhe algumas ao jantar. Quanto este terminou (e foi antes das seis) saímos para o celeiro. "Uma manhã muito linda, não é, papai?" disse ele, quando atravessamos a porta. Desejaria poder registrar todos os seus aforismos, mas não creio que valha a pena escrevê-los, pois até agora esqueci-os, de forma que não podem ser lembrados em sua integridade. Hoje, depois de derrubar muitos cardos, ele comentou: "O mundo inteiro é uma grande chateação!" Ele sente que não o considero muito sábio; e esta tarde perguntou: "Papai, você acha que não sei nada?": "Acho", eu disse. "Mas eu sabia como fechar a porta do *boudoir*, quando você não sabia," rejubilou-se. Fico muito satisfeito de ele ter esse único exemplo de sagacidade prática (embora, afinal, fosse meramente um acerto casual) para se consolar. Não obstante, acho realmente que ele tem em si a matéria-prima para fazer sabedoria, no devido tempo; e Deus permita que não venha cedo demais.

Na hora de ir para a cama, permiti-lhe empenhar-se naquilo de que gosta mais do que quase todo o resto — uma violenta batalha de fingimento — antes de tirar-lhe a roupa; e às sete ele foi finalmente guardado. Deixem-me dizer abertamente, só esta vez, que ele é um menino doce e adorável e digno de todo o amor que sou capaz de lhe dar. Graças a Deus! Que Deus o abençoe! Que Deus abençoe Febe por dá-lo a mim! Que Deus a abençoe como a melhor esposa e mãe do mundo! Que Deus abençoe Una, que anseio por tornar a ver! Que Deus abençoe a pequena Botão de Rosa! Que Deus me abençoe, por causa de Febe e de todos eles! Nenhum outro homem tem esposa tão boa, ninguém tem filhos melhores. Gostaria de ser mais merecedor dela e deles!

Minhas noites são todas melancólicas, tão solitárias e sem livros que eu esteja com estado de espírito para ler, e esta noite foi como o resto. Então, fui para a cama por volta das nove horas e tive saudade de Febe.

SEGUNDA-FEIRA, 11 DE AGOSTO, [1851].

O homenzinho falou comigo a certa altura das profundezas da noite, e disse, muito tranqüilamente, que não tivera sonhos lá muito agradáveis. Sem dúvida, as groselhas que ele comera ao jantar tinham exercido sobre ele uma influência maléfica e, de fato, pude ouvi-las roncando em sua barriga. Ele próprio ouviu o rumor, mas não reconheceu de onde vinha o som e me perguntou o que era. Depois de um tempinho, ele tornou a dormir e dormiu até mais tarde do que o habitual; de tal modo que me levantei não muito longe das sete, tomei banho e finalmente tive de acordá-lo. A sra. Peters voltou antes que o banho dele terminasse. Ele mastigava uma fatia de pão, quando fomos juntos buscar o leite. Era uma manhã clara, calma e bastante fria.

Após o desjejum, colhi algumas vagens e um bom estoque de abóboras; depois, frisei a peruca do querido cavalheiro e subi a escada para ir ao meu toalete privado. Antes das dez, partimos numa caminhada ao longo da encosta da montanha pela estrada Hudson. Não podia haver um clima mais maravilhoso; quente, mas não demasiado, a não ser sob o pleno impacto dos raios de sol — e uma brisa a agitar suavemente as coisas, tendo nela a lembrança de um *iceberg*; como têm todas as brisas deste verão. Foi uma caminhada muito agradável. O caro menino (que bem merece ser cognominado Cavaleiro do Cardo) realizou feitos de valor contra esses velhos inimigos; da minha parte, também não me esquivei ao combate. Ele descobriu ainda muitas flores e ficou entusiasmado com sua beleza, conferindo seus louvores, muitas vezes, a algumas muito sem graça. Mas ele tem uma verdadeira paixão por tudo que cresce. No bosque em frente à casa do sr. Flint, vimos alguns homens abatendo árvores; diante do que ele manifestou grande raiva, e disse que preferia não ter nenhum fogo e beber leite frio. Caminhamos uma boa distância pela estrada até avistarmos uma casa que se destaca no que parece ser o ponto mais alto e o mais profundo na floresta. Dali demos a volta e descansamos em cima de alguns troncos um pouco recuados da beira da estrada. O homenzinho disse que um daqueles troncos era o Gigante Desespero, e que o velho gigante estava morto. Cavou um buraco raso e disse que deveria ser o túmulo do gigante. Objetei que a cova não tinha nem metade do tamanho suficiente; mas ele me informou que o Gigante Desespero, no momento em que morria, ficava muito pequeno.

Enquanto eu estava sentado ali, passou um homem numa cadeira de rodas; e, logo depois, veio uma linda caleche, com duas damas e um cavalheiro com suíças, compondo um espetáculo muito alegre, ao longo da estrada florestal; e, da outra direção, veio uma carroça conduzida por um menino e transportando uma mulher e uma menina que, supus, eram sua mãe e irmã. A mulher desceu e, vindo em minha direção, perguntou se eu vira algumas galinhas perdidas! Parece que, ao passar pela estrada, esta manhã, perderam algumas galinhas que estavam na carroça e naquele momento as buscavam; mas, em minha opinião, poderiam chamar pássaros selvagens das árvores com mais ou menos a mesma esperança de sucesso. Porém, quando nos afastamos, ainda procuravam suas galinhas e o menino gritava: "Galinha, galinha, galinha!" com algo lamentoso em seu tom de voz; e, pelo que sei, ainda as está chamando; mas as galinhas se perderam no bosque selvagem e talvez se casem com perdizes, ou estabeleçam uma raça de galinhas selvagens. Julian e eu voltamos na direção de casa mais vagarosamente do que na ida; pois o sol se tornara bastante forte e e nossa caminhada fora bem longa. Encontramos framboesas pretas ao longo do caminho, mas eu só lhe permiti comer muito poucas e, por isso, ganhei a maior parte dos pequenos punhados que ele colhera, para eu próprio comer. Eram mais ou menos 12 horas, quando alcançamos a casa.

Hoje ele teve peculiares acessos de saudades de sua mãe e de Una, e declarou seu amor por elas com grande ênfase. Não creio que ele já tenha dado a Botão de Rosa nenhum lugar em seus afetos, embora respondesse "Sim", de maneira casual, quando perguntei se ele não a amava também. Agora são duas e meia e ele quer dar uma caminhada até o lago.

Portanto, fomos; e lá ele pegou um galho nu e começou novamente a pescar — pobre, paciente anjinho que ele é! Fiquei deitado um bom tempo na margem verde do lago, em parte na sombra e em parte no sol. O vento parecia vir da direção sul e estava bastante forte; de modo que cantava entre as árvores e erguia ondinhas que batiam na praia. Quase adormeci; mas sempre que abria os olhos ali estava o incansável menino pescador. Pouco depois, ele propôs ir à Pedra da Mamãe, como batizou uma certa grande pedra, embaixo de algumas nogueiras, onde as crianças iam com Febe colher nozes, no outono passado. Informou-me que, quando estiver crescido, construirá uma casa para sua mãe nessa pedra, e que eu devo viver ali também. "Quando eu estiver crescido," disse, "todos devem prestar atenção a mim!" Visitamos a Pedra da Mamãe; e, depois, ele colheu as nozes do ano passado e perseverantemente as quebrou, acreditando que em cada uma encontraria bons miolos — mas não parecendo muito desapontado quando descobriu que todos estavam deteriorados. Passamos algum tempo ali e depois viemos para casa, através do pasto; e o homenzinho pulava sem cessar sobre as altas ervas daninhas e sobre os tufos de sempre-vivas; enquanto eu comparava sua transbordante lepidez com meus passos relutantes e me sentia satisfeito por ser ele o jovem, em vez de mim. Chegamos em casa por volta das cinco.

Acabei de colocar o querido companheiro na cama, a um quarto para as sete. Ele manifestou algum medo de ter novamente o pesadelo da noite passada, mas eu lhe disse que, como não comera nenhuma groselha esta noite, provavelmente não teria problemas. Ele diz que o sonho foi sobre cachorros.

Para a cama, cerca das nove horas.

TERÇA-FEIRA, 12 DE AGOSTO, [1851].

De pé, pouco depois das seis horas. O querido cavalheiro disse que tivera uma noite muito agradável, sem nenhum sonho. Quanto a mim, parecia que me revirara e agitara durante a noite inteira; o que é muito estranho, porque não comi nada do jantar. A manhã estava quente, com um céu parcialmente nublado, e nevoeiro nas montanhas. O sol brilhava forte, quando fomos buscar o leite, mas logo se retirou novamente. Julian seguia cabriolando, no melhor estado de espírito que se possa imaginar. Está uma figurinha muito engraçada, esta semana; suas ceroulas são particularmente curtas, de modo que boa parte de suas pernas nuas fica visível, em parte muito bronzeadas, mas com o restante branco.

Quando me vesti e desci, depois do desjejum, encontrei uma carta de Febe em cima da mesa, marcando sua volta para quinta-feira. Julian estava com uma idéia de que ela voltaria amanhã, e não consigo convencê-lo de que não será assim.

Cerca das 11 horas, demos nossa costumeira caminhada até o lago; onde, naturalmente, o caro cavalheiro recomeçou seu passatempo piscatório. Seria um dia excelente para uma verdadeira pescaria, com sua quietude e nebulosidade; mas, antes de partirmos do lago, o vento agitou e ondulou sua superfície. Era quase hora de almoçar, quando voltamos, mas o homenzinho teve de ser apaziguado preliminarmente com uma fatia de pão e, em seguida, banqueteou-se imensamente com arroz, abóbora e vagens. Depois do jantar, sentei-me com um livro no *boudoir*; e, pela primeira vez desde que sua mãe foi embora, ele esteve ausente por uma hora, em lugares desconhecidos. Finalmente, comecei a pensar que era tempo de procurá-lo; pois, agora que estou sozinho com ele, tenho todas as ansiedades da sua mãe, somadas às minhas próprias. Então, fui até o celeiro e os pés de groselha, e gritei pela casa toda, sem resposta; e, finalmente, sentei-me no feno, sem saber em que direção procurá-lo. Mas, pouco depois, ele apareceu correndo em torno da casa, seu pequeno punho erguido e uma fisionomia sorridente, enquanto gritava que tinha uma coisa muito boa para mim. A "coisa muito boa" revelou-se uma polpa esmagada, consistindo de framboesas, amoras-pretas e groselhas, que haviam permanecido em cozimento em seu punho durante uma hora; uma espécie de ato de cozinhar que sua mãe não aprovaria. Não tive coragem de recusar seu presente; então peguei umas poucas groselhas que, por acaso, não estavam esmagadas, e permiti-lhe comer o resto; porque ele disse que não tinha provado nenhuma.

Sendo já quatro horas, vesti-o, e a mim mesmo, e partimos para a vila. Havia umas poucas nuvens que, algumas vezes, bondosamente tapavam o sol; mas parecia ser o dia mais abafado de todo o verão e sofri muito com o calor — um calor pesado, envolvente, opressivo.

Na vila, encontrei um bilhete de E.P.P.; outro de Longfellow e um de uma dama, pedindo um autógrafo.

Em nosso caminho para casa, o homenzinho estava tão cansado e com tanto calor que desejou que eu o carregasse, declarando depois que não queria nunca mais ir para a vila e nem mesmo para o lago. Era mesmo uma caminhada altamente cansativa. E agora, às sete horas, vou colocá-lo na cama.

Estando no jardim, depois de colocar Julian na cama, a sra. Tappan passou pela estrada e me convidou para ir à sua casa, em sua companhia, e ver se ela tinha algum livro de que eu gostaria. Então fui, e peguei vários exemplares da revista *Harper's*, e um ou dois outros periódicos. Eu lhe trouxera uma carta de Ellery Channing, na qual ele propôs uma visita, mas ela vai recusá-la, no momento, pela falta de quarto e porque há um bebê na casa. Ela indagou, com aparente seriedade, se nós poderíamos receber a visita dele!!!! — sendo nossa casa tão maior que a dela e não tendo nós nenhum bebê. Li os periódicos até as nove e meia, e então fui para a cama.

QUARTA-FEIRA, 13 DE AGOSTO, [1851].

O homenzinho não se agitou tão cedo quanto de costume; então finalmente levantei-me, depois de estar há algum tempo acordado, e descobri que eram quase sete horas. Tomei banho, antes de chamá-lo. Era uma manhã nublada, com nevoeiros dormindo pesadamente sobre todas as montanhas; mas aqui e acolá viam-se os raios do sol desfazendo-os, e havia forte possibilidade de que o dia ficasse quente e ensolarado. Acho que esse nevoeiro e céu nublado são meramente locais; de modo que Febe provavelmente terá uma manhã bonita, em sua partida para casa. Afinal, Julian parece que estava certo, em sua obstinada declaração de que sua mãe voltaria hoje. Mas agora ele parece ter desistido da idéia e concordado com a volta dela amanhã. Não obstante, sua mente está repleta do assunto; e, vendo-me com um par de calças limpas de linho, perguntou, agora mesmo, se eu as vestira por causa da mamãe. Enquanto íamos buscar o leite, ele falou sobre como estaria satisfeito quando sua mãe chegasse e como se comportaria; mas, em nosso caminho para casa, falou de Una e de como ela o perturbava, e o que ele faria no caso de novos problemas. Duvido que o pobre homenzinho tivesse algum dia um período tão tranqüilo como esse que teve comigo — ou que algum dia vá ter outro igual.

Às dez horas, demos uma caminhada pelo Bosque Emaranhado (Tanglewood), sem nenhuma aventura, e voltamos às 11. O restante do final da manhã passamos na casa; pois estava muito quente, e Julian pouco inclinado a se movimentar. Ele se queixa de não se sentir bem, mas não sabe descrever seus sintomas. Acredito que o almoço o revigorará. Enquanto isso, como a melhor receita em que posso pensar, dei-lhe uma dose de acônito. Seu intestino não parece absolutamente com mau funcionamento. Nossa caminhada ontem, no calor, e cansativa, pode tê-lo afetado.

Depois do almoço, saímos e nos sentamos debaixo das árvores por algum tempo; e passamos o resto da tarde na casa; a não ser quando o homenzinho saiu para ver uma carga de feno jogada no celeiro e, em seguida, deu um curto passeio na carroça de feno. Às cinco horas, ele se queixou de que sua cabeça doía, e dei-lhe uma dose de beladona. Ao anoitecer, animou-se, comeu um bom jantar e parecia completamente bem, como de costume. Na verdade, não pareceu verdadeiramente fora do normal em nenhum momento. Às sete, empenhou-se com grande energia em sua amada batalha de fingimento e agora está na cama. Eu de fato esperava (confiando, sem dúvida, na carta de E.P.P.) que ele visse sua mãe, antes de dormir esta noite.

Li um periódico, durante a noite, e fui para a cama às nove.

QUINTA-FEIRA, 14 DE AGOSTO, [1851].

Passei um longo período acordado, no meio da noite, e adormeci perto do amanhecer; e o homenzinho acordou

115

mais cedo do que eu. Após uma pequena demora, ambos nos levantamos e descobrimos que ainda não eram seis horas. Ele parecia muito animado e em boas condições.

Quando fomos buscar o leite, vimos um obscuro arco-íris; porque havia uma chuva quase imperceptível e o sol brilhava fracamente, ao mesmo tempo. Temo, diante das aparências subseqüentes e as de agora, que ele profetizasse mau tempo para aquele dia. O caro cavalheiro filosofava sobre arco-íris, enquanto seguíamos; mas não me lembro de nada do que ele disse, a não ser que o sol era a luz do arco-íris. Ao desjejum, ele embarcou numa fantasia e disse que subiria por entre as nuvens e as afastaria; de modo que sua mãe pudesse ter um bom tempo, em sua volta para casa. Anunciou, também, que deitaria a montanha Monument, ao comprido, com o objetivo, acredito, de subir até as nuvens que estão em cima dela. Observando um pouco de bolo que a sra. Peters colocara na mesa para mim, ficou insatisfeito com seu próprio desjejum, e quis algo diferente do pão e leite habituais. Eu lhe disse que seu pão, esta manhã, tinha fermento; e ele dali em diante começou a comê-lo com grande apetite, e achou-o o melhor que já provara.

Cerca de uma hora após o desjejum, foi atacado pela dor de estômago; e dei-lhe um pouco de pulsatila. Parecia uma cólica bastante forte, mas não foi adiante nem deixou nenhuma seqüela. Já passou e ele está folheando o livro ilustrado alemão, com excelente estado de espírito. O dia aparentemente assumiu um aspecto estabelecido de céu carregado e atmosfera sombria, no mínimo, se não de absoluta inclemência. Mesmo assim, é possível que seja mais confortável para a viagem de Febe do que o abafamento de ontem. Como seria bom se ela estivesse aqui! Passa das nove, agora; e, dentro de mais oito horas, será tempo para tentar ouvir o ruído das rodas do seu coche.

Estando frio e nublado, passamos o final da manhã inteiramente em casa. O querido menino tem estado muito feliz, divertindo-se a cortar papel, olhar para figuras, cavalgar em seu cavalo e, o tempo todo, tagarelando comigo — sem um só momento de mau humor (o que, de fato, quase está fora das suas possibilidades) ou de desânimo. Sua dor de estômago não voltou. Ele comeu um bom almoço de macarrão, arroz, abóbora e pão; e espero que sua mãe esteja aqui antes da noite, para recebê-lo das minhas mãos em perfeitas condições e para se deliciar com a tagarelice que, por quase três semanas, correu como um regato através de todos os meus pensamentos. Ele não antecipa sua volta tão vividamente, hoje. Não tem uma idéia nítida de "breve" ou "agora", como também não tem da passagem do tempo, de forma geral. Da minha parte, ficarei amargamente desapontado, se ela não vier esta noite.

Às três, ou um pouco mais tarde, Julian insistiu tão seriamente que deveríamos descer até o lago que eu tive de concordar, especialmente porque o sol aparecera muito definitivamente. Então, lá fomos; e o homúnculo ficou na maior exultação possível, uma ou duas vezes, por motivos irrisórios, praticamente estourando de rir. Ao chegar ao lago, controlou-se e começou a pescar, com toda a serenidade de um experiente pescador. A esta altura, o céu voltara a ficar nublado; e o lago parecia selvagem e zangado, enquanto as rajadas varriam sua superfície. Temi que pudesse estar frio demais para o caro cavalheiro permanecer muito tempo em sua presente ocupação parada; assim, logo o chamei para ir embora; e combatemos firmemente, durante nosso caminho para casa, aqueles inimigos sempre presentes, os cardos. Agora são quase cinco horas e, dentro de uma hora, com certeza, ou um pouquinho mais, Febe, a Lua, não pode deixar de brilhar sobre nós. Parece ter passado um século desde que ela partiu. Pensei ter ouvido o som de rodas, agora. Mas não era ela.

Julian acabou de exclamar: "Ah, quero que mamãe chegue! Quero tanto ver mamãe! — ver mamãe! — ver mamãe! — ver mamãe! Papai, quem sabe a gente vai achar Rose crescida, quando olhar para ela novamente!"

Nem dá para acreditar, ela não veio! Coloquei Julian na cama não muito depois das seis e depois parti para o correio. Era um claro e lindo pôr de sol, com uma temperatura elevada de setembro. Para aumentar meu pasmo, não encontrei nenhuma carta; de modo que concluo que ela sem dúvida pretendia vir hoje. Talvez houvesse uma chuva forte, esta manhã, na região em torno de Boston, e isto impediu que ela partisse. Encontrei a sra. Tappan, pouco antes de chegar em casa; e ela disse que o sr. Ward, que deveria trazer Febe e as crianças sob sua escolta, não chegou. É provável que a causa do atraso seja ele.

Li o jornal durante a noite com uma luz de lâmpada muito fraca, e fui para a cama às nove e meia.

SEXTA-FEIRA, 15 DE AGOSTO, [1851].

Não nos levantamos antes da sete, esta manhã. O dia estava muito claro e com um frescor outonal, o vento vinha do nordeste. Vesti o querido cavalheiro com um casaco tricotado, quando fomos buscar o leite, mas temo que suas pobres perninhas nuas, nos intervalos entre suas meias e ceroulas, tenham passado muito mal. Mas ele se arrastava para a frente, com um estado de espírito vivaz, e levou três quedas no curso da caminhada. Em nosso percurso para casa encontramos três damas a cavalo, acompanhadas por um cavalheiro, e o homenzinho me perguntou se eu achava as damas bonitas, e disse que ele, não. Na verdade, eram bastante bonitas, em minha opinião; mas suspeito que a aparência delas, a cavalo, não combinou com seu gosto; e concordo com ele que uma mulher é um espetáculo monstruoso e desagradável em tal atitude. Mas o caro menino é muito crítico em questões de beleza, embora eu creia que o verdadeiro terreno das suas censuras, em geral, está em algo errado para seu senso de adequação e propriedade. Mas esse senso, no caso dele, é algumas vezes convencional. Por exemplo, ele negou que a dama *quaker* que me visitou fosse bonita; e ficou claro que ele não gostou da moda diferente do seu vestido, e dos "tu" e "vós" que ela empregava.

Às dez horas, partimos numa caminhada em direção ao lago. O caminho inteiro, e durante todo o passeio, Julian só pensava no Gigante Desespero e atribuía todos os seus contratempos a este personagem malévolo. Acidentalmente, pisou num pouco de fresca "lama de vaca", como Una a chama; e disse que o gigante a fizera ali, para aborrecê-lo. Quando chegamos à parte aberta do regato Shadow, deitei-me na margem, inteiramente exposto ao sol, e fiquei ali aquecendo-me, com uma sensação agradável de excesso de calor; embora, algumas vezes, um sopro de vento chegasse até ali e me refrescasse com sua austeridade. E ali fumei um charuto; em parte ali e em parte na praia do lago. É um perfeito final de manhã do seu gênero, só que chega cerca de um mês antes da hora. Julian pescou no lago, como de hábito, e em seguida jogou pedras nele; e parecia jamais se cansar de chegar até sua margem, mais ainda do que um martim-pescador que muitas vezes vemos ali, adejando de um galho apodrecido para outro. Mas fiquei cansado, depois de algum tempo, e insisti em voltar para casa; onde chegamos precisamente ao meio-dia.

Agora são quatro e meia. Não fizemos nenhum outro passeio hoje, mas perambulamos dentro e em redor da casa. Julian não parece ter nenhuma impressão iminente da chegada de sua mãe, embora uma ou duas vezes tenha comentado que era um dia bom para ela vir. Talvez, a esta altura, ela esteja na vila. Tenho a impressão de que está vindo, mas, após desapontamentos anteriores, não considero como certo. Julian, a propósito, parece perfeitamente bem; mas, devo dizer, seu cabelo ficou com aspecto pior hoje do que em qualquer outra ocasião durante a ausência dela; e, no entanto, eu o frisei o mais cuidadosamente que pude. Ele está também usando seu casaco de lã tricotado, o que o desfigura horrivelmente; mas não consegui convencê-lo a tirá-lo; então acho que sua mãe vai pensar que ele esteve com um aspecto horroroso desde que ela partiu.

Coelhinho, evidentemente, não está bem. Parecia indisposto, ontem, e ainda está assim, hoje, de forma mais evidente. Acabou de ter um acesso de tremores. Julian acha que ele teve escarlatina, sendo a única doença com a qual, algum dia, ele se familiarizou.

O sr. Ward acabou de passar aqui (às cinco e meia) esperando descobrir que Febe chegara ontem. Isto aumenta o mistério. E.P.P. escreveu-me que ele a acompanharia na quarta-feira. Foi impedido de vir naquele dia, mas achava que ela viria com a sra. Minott, na quinta. Onde pode ela estar?

Coloquei Julian na cama, logo depois do jantar, e imediatamente parti para a vila. Ainda nenhuma carta de Sophia. Acho que ela deve ter-se equivocado quanto aos movimentos do sr. Ward, e ficou à espera do seu acompanhante. Havia uma grande caixa, endereçada a mim, no correio, que provavelmente contém suas compras em Boston. De volta para casa, passei a noite lendo jornais. Num deles (o *N.Y. Evening Post*) vi um relato do Commencement na Wesleyan University, Middletown, Connecticut; e um dos exercícios do bacharelado era uma Oração Clássica Moderna, de Edwin Holsey Cole, de Cromwell, sobre eu próprio! Não entendo inteiramente a natureza da apresentação, e não sei se foi em latim ou vernáculo; mas ficaria curioso de ouvi-la.

Para a cama, desconsolado, pouco antes das dez.

SÁBADO, 16 DE AGOSTO, [1851].

O homenzinho acordou antes do amanhecer e continuou acordado durante algum tempo, claro que também me mantendo acordado; mas, depois de um bom tempo, dormi e continuei dormindo até quase sete horas — quando ambos nos levantamos. Ao entrar no banheiro, espiei para dentro da caixa do Coelhinho com uma espécie de premonição do que acontecera; e, sem dúvida, lá jazia o pobre animalzinho, duro e teso. Aquele acesso de tremores, na véspera, teve um aspecto muito fatal aos meus olhos. Não tenho nenhuma idéia de qual era sua perturbação; suas funções digestivas pareciam estar bem e seus sintomas eram meramente uma falta de vontade, nos últimos dois dias, de se movimentar ou de comer. Julian pareceu interessado pelo acontecimento e excitado, mais do que aflito. Ele o atribuiu, como faz com todos os outros contratempos, à ação do Gigante Desespero; e, quando fomos buscar o leite, declarou que foi a coisa mais malvada que o gigante já fez, "mais malvada" do que quando fez a lama de vaca.

Depois do desjejum, cavei um buraco e plantamos o pobre Coelhinho no jardim; e o querido cavalheiro manifestou suas esperanças de que, amanhã, uma flor tenha brotado sobre ele. Depois de frisar a peruca de Julian e de me barbear, enviei-o a Highwood com uma nota para a sra. Tappan, informando-a sobre a grande caixa no correio, sugerindo que provavelmente contém seu arroz e insinuando a pequena probabilidade de que ela chegue algum dia a recebê-la, a menos que mande a carroça pegar a caixa. Sendo este o método adequado de apresentar o caso, ela o viu sob a luz correta e disse a Julian que a enviaria. Agora são quase dez horas e Julian está a me atormentar para ir ao lago. Diz, exatamente agora: "Talvez amanhã esteja lá uma árvore de Coelhinhos, e eles estarão pendurados pelas orelhas nela toda!" Já observei antes que as crianças têm uma estranha tendência a tratar a morte (pelo menos, as mortes de animais) como uma piada, embora com certo nervosismo. Ele riu muito, a propósito da partida de Coelhinho.

Fomos até o lago, atendendo ao desejo do caro menino. Ele levou a pequena embarcação que seu tio Nat fizera para ele há muito tempo, e que, desde ontem, tem sido seu brinquedo favorito. Lançou-a no lago e ela se parecia muito com uma chalupa de verdade, agitando-se de um lado para outro, em meio às ondas que se formavam. Acredito que ele passaria cem anos, mais ou menos, muito satisfeito, sem nenhum outro divertimento a não ser aquele. Eu, enquanto isso, tirei do bolso a *National Era* e a li com bastante atenção. Já constatei antes que a melhor maneira de obter uma impressão e sentimento vívidos de uma paisagem é sentar-se diante dela e ler, ou absorver-se em pensamentos; pois então, quando os olhos da pessoa são por acaso atraídos pela paisagem, parecem pegar a natureza desprevenida e vê-la antes que ela tenha tempo de mudar seu aspecto. O efeito não dura senão um rápido instante, e desaparece quase na mesma hora em que a pessoa toma consciência dele; mas é real, durante aquele momento. É como se a pessoa pudesse ouvir por alto e entender o que as árvores estão sussurrando entre elas, é como se pudéssemos dar uma rápida olhada num rosto sem véu, que se vela diante de todos os olhares intencionais. O mistério é revelado e, após uma ou duas respirações, volta a ser o mesmo mistério de antes. Dei uma dessas olhadas na natureza, esta manhã, embora não com tanta perfeição como algumas vezes ocorre. Eram 12h30, quando voltamos.

Esqueci-me de dizer que deixei um bilhete para o sr. Steele, no correio, pedindo-lhe para esperar Febe em Pittsfield. Se ela não vier hoje — ora, não sei o que farei.

São quase seis horas, pelo relógio, e elas não vêm! Com certeza, elas devem, devem, devem estar aqui esta noite!

Um quarto de hora após escrever o que está acima, elas chegaram — todas bem! Graças a Deus.

Este livro foi impresso nas oficinas da
DISTRIBUIDORA RECORD DE SERVIÇOS DE IMPRENSA S.A.
Rua Argentina, 171 – Rio de Janeiro, RJ
para a
EDITORA JOSÉ OLYMPIO LTDA.
em julho de 2006

*

74º aniversário desta Casa de livros, fundada em 29.11.1931